千字文
古典文化启蒙书

国学经典有话对你说系列

姜越 编著

中国书籍出版社

图书在版编目(CIP)数据

千字文：古典文化启蒙书/姜越编著.
--北京：中国书籍出版社，2019.7
ISBN 978-7-5068-7383-3

Ⅰ.①千… Ⅱ.①姜… Ⅲ.①古汉语—启蒙读物
Ⅳ.①H194.1

中国版本图书馆CIP数据核字（2019）第156594号

千字文：古典文化启蒙书

姜越　编著

责任编辑	周　鑫
责任印制	孙马飞　马　芝
封面设计	侯　泰
出版发行	中国书籍出版社
地　　址	北京市丰台区三路居路97号（邮编：100073）
电　　话	（010）52257143（总编室）　　（010）52257140（发行部）
电子邮箱	eo@chinabp.com.cn
经　　销	全国新华书店
印　　刷	北京市通州大中印刷厂
开　　本	710毫米×1000毫米　1/16
印　　张	16.25
字　　数	286千字
版　　次	2019年7月第1版　2019年7月第1次印刷
书　　号	ISBN 978-7-5068-7383-3
定　　价	49.80元

版权所有　翻印必究

前 言

  《千字文》是中国古代最著名的启蒙读物之一。相传，梁武帝萧衍从书法家王羲之的碑帖中拓取了一千个不重复的常用字来教儿子们认字。后来觉得这些字每字一个纸片，不仅用起来很不方便，而且也不容易记住，于是命令大臣周兴嗣把它们编成好记的歌谣。周兴嗣很有文才，不过这个任务也不轻松：一千个不重复的汉字既要编成有韵脚的歌谣，又要有一定的教育意义，还不能重复使用。传说周兴嗣花了一晚上的时间，就编成了我们今天看到的《千字文》，不过付出的代价也不小，头发都变白了。

  《千字文》《三字经》《百家姓》是清朝末年以前中国儿童启蒙教育的基本教材，合称"三、百、千"。由于文字简洁实用，易于记诵，所以被当时的社会广泛接受而成为儿童必读读物。因此，在那个时代只要受过教育的人大概都曾读过。今天，它们虽然已不再作为小学课本，但是依然有许多父母把它们作为课外读物介绍给孩子。

  《千字文》在今天的价值和功用我们要给以一个客观公正的评价。《千字文》是一千多年前的产物，随着历史的发展，尤其是近一二百年的变化，中国人的语言文字、社会生活和价值理念都发生了很大的变化：一些内容在那个年代是"常识"，到了今天不免有点生僻；《千字文》对我们了解古人写的文言文和诗词很有帮助，熟读背诵可以提供不少音律上的知识，也能由此掌握一些基本的遣词造句手法，但对于现代文写作的意义就小一些了；同时，《千字文》的产生本来就是一个"拼图游戏"的过程，有一些句子是为了字数、韵脚而硬凑的。这些都是《千字文》的弱点，今天看来，在我们不必认为让孩子读背这一千个字就是让他们对国学、对传统文化有了深刻的理解和感悟，把《千字文》看成是什么灵丹妙药。但我们也不得不看到，文中的内容很多并不受时代的限制，尤其是一些关于道德、伦理、为人处世的训诫内容至今还是有益的、正面的。同时，文中的四字韵语有着很强的概括作用，其背后的更多内容在童年未必能全部接受，但很可能成为年龄稍长之后扩展学习的一个导航，"起翦颇牧"或许就是研读军事故事的开始，"罔谈彼短"可能是日后处世的座右铭。这些又都是《千字文》的好处。因此，在孩子到了能够很快接受一些文字的年龄，老师和家长用合适的方式把《千字文》传授给他们是一个不错的选择，只是不要对这区区一千个字所能起到的作用抱有不切实际的幻想罢了。

希望本书能让刚开始学习汉字的儿童在学习文字、领略中国文字之美的同时，了解一些天文地理知识、历史人物事迹，学习古人待人接物的道理以及品行修养的方法，并进而认识我们博大精深的中华国学文化。

目 录

上篇 《千字文》智慧直播

第一章 推位让国，坐朝问道

夏禹传子代替了以前的禅让制度，由禅让制变成世袭制，以后历代相沿。尧舜"禅让"的历史传说，反映了上古中国的民主制度。这是一种拟"父子相继、兄终弟及"的王位继承制度，是对正统王位继承制的模拟，是上古政治舞台上部族政治激烈角力的结果。

天地玄黄，宇宙洪荒	4
寒来暑往，秋收冬藏	5
云腾致雨，露结为霜	6
剑号巨阙，珠称夜光	7
海咸河淡，鳞潜羽翔	8
始制文字，乃服衣裳	9
吊民伐罪，周发殷汤	10

第二章　知过必改，形端表正

人非圣贤，孰能无过？可见，犯错误是不可避免的事。然而，人们对待错误的态度却有天壤之别。有的人执迷不悟，在错误的道路上越走越远；而有的人则是以坦荡的胸襟与十足的勇气去对待自己的错误，知错必改，跌倒了爬起来，继续前进。后者所具备的就是一种可贵的高尚品格。

爱育黎首，臣伏戎羌 …………………………………………… 14

鸣凤在竹，白驹食场 …………………………………………… 15

盖此身发，四大五常 …………………………………………… 16

女慕贞洁，男效才良 …………………………………………… 17

罔谈彼短，靡恃己长 …………………………………………… 18

墨悲丝染，诗赞羔羊 …………………………………………… 19

德建名立，形端表正 …………………………………………… 20

第三章　学优登仕，言辞安定

"事情做好了，可以总结经验，从中学习，取得进步；学习学好了，就可以把这些知识应用到日常做事中。"孔子说过，"学而时习之"，出仕是"时习之"的途径之一，也就是把所学的、所修的东西应用到实践之中。但是，修身学习是无止境的，人的一生是学习的一生，在任何时间，任何地点，只要有机会就不要放弃学习。

祸因恶积，福缘善庆 …………………………………………… 24

资父事君，曰严与敬 …………………………………………… 25

临深履薄，夙兴温凊 …………………………………………… 26

川流不息，渊澄取映 …………………………………………… 27

笃初诚美，慎终宜令 …………………………………………… 28

学优登仕，摄职从政 …………………………………………… 29

乐殊贵贱，礼别尊卑 …………………………………………… 30

第四章　性静情逸，仁慈隐恻

通过自我反省体察，使身心达到完美的境界。个人修身不仅包含了为人、修身、处世的智慧，还需要有一颗平常心去应对日常的烦恼和不幸。我们要力戒权力、金钱、美色等各种诱惑，不断完善自身，加强个人修养，提高道德品质，同时保持健康平和的心态。

外受傅训，入奉母仪 …………………………… 32
孔怀兄弟，同气连枝 …………………………… 33
仁慈隐恻，造次弗离 …………………………… 34
性静情逸，心动神疲 …………………………… 35
背邙面洛，浮渭据泾 …………………………… 36
图写禽兽，画彩仙灵 …………………………… 37
肆筵设席，鼓瑟吹笙 …………………………… 38
右通广内，左达承明 …………………………… 39

第五章　济弱扶倾，策功茂实

真正的强者不一定是多有力或者多有钱，而是他对别人有帮助。责任可以让我们将事情做完整，爱可以让我们将事情做好。热忱之心不能泯灭，要帮助照顾弱小者。

杜稿钟隶，漆书壁经 …………………………… 42
户封八县，家给千兵 …………………………… 43
世禄侈富，车驾肥轻 …………………………… 44
磻溪伊尹，佐时阿衡 …………………………… 45
桓公匡合，济弱扶倾 …………………………… 46
俊乂密勿，多士实宁 …………………………… 47
假途灭虢，践土会盟 …………………………… 48
起翦颇牧，用军最精 …………………………… 49

九州禹迹，百郡秦并 ………………………………………………… 50

第六章　治本于农，省躬讥诫

　　每个人在做事的时候都要有自我反省、勇于改正的态度，并以不断的追求去实现自己美好的愿望。一个善于自我反省的人，往往能够发现自己的优点和缺点，并能够扬长避短，发挥自己的最大潜能；而一个不善于自我反省的人，则会一次又一次地犯同样的错误，不能很好地发挥自己的能力。

雁门紫塞，鸡田赤城 ………………………………………………… 54
旷远绵邈，岩岫杳冥 ………………………………………………… 55
俶载南亩，我艺黍稷 ………………………………………………… 56
孟轲敦素，史鱼秉直 ………………………………………………… 57
聆音察理，鉴貌辨色 ………………………………………………… 58
省躬讥诫，宠增抗极 ………………………………………………… 59
两疏见机，解组谁逼 ………………………………………………… 60
求古寻论，散虑逍遥 ………………………………………………… 61
渠荷的历，园莽抽条 ………………………………………………… 62
陈根委翳，落叶飘摇 ………………………………………………… 63
耽读玩市，寓目囊箱 ………………………………………………… 64
具膳餐饭，适口充肠 ………………………………………………… 65

第七章　昼眠夕寐，愚蒙等诮

　　无知和愚昧是一对连体兄弟，无知就是对所做的事情完全不了解，凭主观臆断去处理，其结果往往事与愿违；愚昧就是违反客观规律，不管事情的结果如何，只一味地蛮干。

亲戚故旧，老少异粮 ………………………………………………… 68

纨扇圆絜，银烛炜煌 ························ 69
弦歌酒宴，接杯举觞 ························ 70
嫡后嗣续，祭祀烝尝 ························ 71
笺牒简要，顾答审详 ························ 72
驴骡犊特，骇跃超骧 ························ 73
布射僚丸，嵇琴阮啸 ························ 74
释纷利俗，竝皆佳妙 ························ 75
年矢每催，曦晖朗曜 ························ 76
束带矜庄，徘徊瞻眺 ························ 77
谓语助词，焉哉乎也 ························ 78

下篇　《千字文》深度报道

第一章　奇妙的宇宙世界

宇宙是由空间、时间、物质和能量所构成的统一体，是一切空间和时间的总和。一般理解的宇宙指我们所存在的一个时空连续系统，包括其间的所有物质、能量和事件。

宇宙未生之前 ································ 82
"时空"的观念 ································ 84
日月星象 ································ 85
布满天空的星辰 ································ 86
地球的变化 ································ 87
天时历法 ································ 88
律管和吕管 ································ 90
天气变化 ································ 91
黄金玉石 ································ 92
宝剑和珍珠 ································ 93

奇妙的植物	94
飞鸟走兽	95
龙师火帝	95
鸟官人皇	96
仓颉造字	97
五帝	98
汤武革命	99
王道治国	100
体恤百姓	101

第二章 人性的标准

我们要为自己定下"要做一个善良的人"这个标准，尽量表现得仁慈而和善，在待人处世方面严格要求自己。

"王道"与"霸道"	104
王道的恩泽	105
读书养气	106
物质的"四大"，精神的"五常"	107
身体发肤，受之父母	108
德才兼备	109
莫以善小而不为，莫以恶小而为之	110
满招损，谦受益	111
宰相肚里能撑船	111
人的本性	112
做人的标准	113
"德"与"名"	113
善恶祸福	115
一寸光阴一寸金	116
五伦关系	117

孝廉 …………………………………………………………… 118
多看多听少说 ……………………………………………… 119
疾风知劲草 ………………………………………………… 121
孝道 …………………………………………………………… 122

第三章 仁德的境界

　　荀子曾说过：生是人的开始，死是人的结束。开始和结束都能完美，人的一生就完美了。但是，能够笃初慎终，善始善终的人毕竟太少了。"仁"作为最高的道德原则、道德标准和道德境界。只有心里时时记住"仁"，才能笃初诚美，慎终宜令。

容止若思，言辞安定 ………………………………………… 124
一辈子只干一件事 …………………………………………… 125
善行成善业，恶行成恶果 …………………………………… 126
学而优则仕 …………………………………………………… 127
周召伯治国 …………………………………………………… 128
贵贱尊卑 ……………………………………………………… 129
"和"的境界 …………………………………………………… 131
教育的原则 …………………………………………………… 132
将自己的爱心拓展开来 ……………………………………… 133
兄弟之道 ……………………………………………………… 134
"朋友道" ……………………………………………………… 135
"博爱谓之仁" ………………………………………………… 136
做人的基本原则 ……………………………………………… 138
坚持高雅的操守 ……………………………………………… 140
方位的文化 …………………………………………………… 142
宫殿楼观 ……………………………………………………… 143
装饰景观 ……………………………………………………… 144
鼓瑟吹笙 ……………………………………………………… 145

华美建筑	146
西京长安皇宫	147
广内殿	148
名著典籍	149
文武百官、公卿将相	150
封地受赏	151
车马驰驱	152
世禄侈富	153
文治武功	153

第四章 立身处世的秘诀

凡遇大事需静气，平心静气是一种境界，一种气度，一种修养。冷静之中的决定往往是摆脱困境的最佳方案，同时，冷静也是一种智慧。做人有困惑，做事有困境，面对"山重水复"之关卡，光有坚强的毅志不行，硬闯也不行。解决难题靠的是脑袋，脑袋产生思考，让思考发威，在出人意料之处轻松解决问题。

文治天下	156
周公旦	158
匡合天下，济弱扶倾	160
济济多士，文王以宁	162
重耳	163
合纵连横	164
假途灭虢	166
践土会盟	167
萧何与韩非	168
韩非子	169
战国时期的四大名将	170
夏传子，家天下	172

帝王的禅典	173
山高峻而谷幽深	174
赋与税	178
天圆地方	179
中庸之道	180
相学	181
立身处世	182
省躬讥诫	183
一荣俱荣，一辱俱辱	184
林皋幸即	185
疏广、疏受	185
耐得住寂寞的人才能成大事	186
逍遥	187
满招损，谦受益	187
春夏秋冬	188
鹍和鹤	190
一心只读圣贤书	191
不要轻视小事	192
饮食的学问	193
妻与妾	195
歌舞升平	197

第五章　善于找到积极的力量

一个人能有多大成就，并非完全取决于能力，还受他自己的心态所制约。我们的心态在很大程度上决定了我们人生的成败。当我们开始运用积极的心态并把自己看成成功者时，我们就已经开始走向成功了。

祭祀反省	200
榜样的力量	202

倾国倾城之容貌	205
日月星辰	206
薪尽火传	207
张衡与"浑天说"	209
善于认识自然规律的牛顿	209
隋侯之珠	210
普罗米修斯盗火	211
天下为公	212
绝笔于获麟	212

第六章 那些名人的处世原则

人生是一个不停努力，奋发图强的过程，成功需要不断地累积。取得小成功，就可能发展为大成功。成大事者懂得从小到大的艰辛过程，所以在实现了一个个小成功之后，能继续拆开下一个人生的"密封袋"。

爱国诗人屈原	216
青香扇枕	217
焦裕禄	217
居里夫人的品格教育	218
苏武与卫律	219
严子陵隐居富春山	220
汉武帝的甲帐	221
叔孙通定朝仪	222
萧翼赚兰亭	223
晏婴不受封赐	224
石崇、王恺斗奢侈	225
伊尹辅商	226
周公与姜太公	226
假途灭虢	227

第七章　与人为善的智慧

　　与人为善是一种高尚的品德,是智者心灵深处的一种沟通,是仁者个人内心世界一片广阔的视野。与人为善有利于使自己生活得更快乐。与人为善其实极易做到,它并不需要你刻意做作,只要有一颗平常心就行了。

大禹治水 …………………………………………………… 230
刘备的遗言 ………………………………………………… 230
两疏见机 …………………………………………………… 231
宰予昼寝 …………………………………………………… 232
任公子钓鱼 ………………………………………………… 233
东施效颦 …………………………………………………… 233
学问来自"三上" ………………………………………… 234
相良存钱 …………………………………………………… 234
孔乙己 ……………………………………………………… 235
秀才不会逃 ………………………………………………… 236
方枘圆凿 …………………………………………………… 239

参考文献 ………………………………………………… 243

后　　记 ………………………………………………… 244

上篇 《千字文》智慧直播

第一章
推位让国,坐朝问道

夏禹传子代替了以前的禅让制度,由禅让制变成世袭制,以后历代相沿。尧舜"禅让"的历史传说,反映了上古中国的民主制度。这是一种拟"父子相继、兄终弟及"的王位继承制度,是对正统王位继承制的模拟,是上古政治舞台上部族政治激烈角力的结果。

天地玄黄，宇宙洪荒

◎ **我是主持人**

"天地玄黄"一句出自《易经》。《易经》里说"天玄地黄"，这里为了押韵改作"天地玄黄"，这种不改动古人文字的引经，为明引。"宇宙洪荒"出自《淮南子》与《太玄经》。《淮南子》里说：上下四方叫作宇，古往今来叫作宙。作《太玄经》的是西汉的扬雄，他在《太玄经》里说过"洪荒之世"的话。两部经书里的话合起来就是"宇宙洪荒"，这种引经的方式叫暗引，所以这两句话都是经典。

◎ **原文**

天地玄黄，宇宙洪荒。日月盈昃，辰宿列张。

◎ **注释**

盈：月光圆满。

昃（zè）：太阳西斜。

宿（xiù）：古代我国天文学家将天空中某些星的集合体叫作"宿"。

◎ **译文**

天是青黑色的，地是黄色的，宇宙形成于混沌蒙昧的状态中。太阳正了又斜，月亮圆了又缺，星辰布满在无边的太空中。

◎ **直播课堂**

开篇这两句讲的是宇宙之初，世界的原始状态。这和现代天文学所说的宇宙刚刚形成时的状态很相似。今天大多数天文学家都认为，宇宙起源于一次无比剧烈的"大爆炸",它大约发生在两百亿年前。大爆炸发生后,原先挤压在一个点上的物质突然得到"解放",迅速向四周膨胀。这些物质都是一些非常小的粒子,它们弥漫在浩瀚的宇宙空间,看上去混沌一片。后来经过数十亿年的演化,银河和各类星球才逐渐形成。一百五十亿年后,才逐渐出现了太阳、月亮和地球。

寒来暑往,秋收冬藏

◎ **我是主持人**

我们的祖先在与自然界的斗争中,逐渐掌握了一年四季的区别与交替的规律,也懂得了要生存,就要顺应气候变化来安排生产劳动的道理。

◎ **原文**

寒来暑往,秋收冬藏。闰馀成岁,律吕调阳。

◎ **注释**

律吕:中国古代将一个八度分为十二个不完全相等的半音,从低到高依次排列,每个半音称为一律,其中奇数各律叫作"律",偶数各律叫作"吕",总称"六律""六吕",简称"律吕"。相传黄帝时伶伦制乐,用律吕以调阴阳。

◎ **译文**

寒暑循环变换,来了又去,去了又来;秋天收割庄稼,冬天储藏粮食。积累数年的闰馀并成一个月在闰年里,古人用六律六吕来调节阴阳。

◎ 直播课堂

　　这两句话的字面意思很好理解，寒暑说的是气候的变化，秋冬是四季的推移。前一句是引经，虽然简简单单四个字，但出自《易经》。《易经》里说："寒来则暑往，暑往则寒来，寒暑相推，而成岁焉。""秋收冬藏"是省略句，全句是"春生夏长，秋收冬藏"。气候与物候历来就是农本国家的大事，游牧民族就无所谓了，不太重视。气候注重的是地球上的温度、湿度和光照时间；物候则关心生物生长的节律性，偏重在生物与自然的关系上。

云腾致雨，露结为霜

◎ 我是主持人

　　传统观念认为，"地气上升为云，天气下降为雨"。霜和露是同质的东西，只是露是液体的，霜是固体的。

◎ 原文

　　云腾致雨，露结为霜。金生丽水，玉出昆冈。

◎ 注释

　　丽水：即丽江，又名金沙江，出产黄金。
　　昆冈：昆仑山。

◎ 译文

　　云气上升遇冷就形成了雨，夜里露水遇冷就凝结成霜。黄金产在金沙江，玉石出在昆仑山冈。

◎ 直播课堂

　　云、雨、霜、露，都是自然现象，而且它们的形成是有规律的，这也已经被现代科学所证实。

　　中国的物产极为丰富，珍贵的黄金与玉石是它们的代表。在古人的生活中，这两种物质都扮演着极重要的角色，因为古人认为，黄金可以辟邪，玉石可以保佑平安。直到现在，黄金与玉石依然被人们当作吉祥的饰物。

剑号巨阙，珠称夜光

◎ 我是主持人

　　中国古代有许多宝物在世间流传，"巨阙剑"和"夜光珠"是它们的代表。

◎ 原文

　　剑号巨阙，珠称夜光。果珍李柰，菜重芥姜。

◎ 注释

　　巨阙：越王允常命欧冶子铸造了五把宝剑，第一为巨阙，其余依次名为纯钧、湛卢、莫邪、鱼肠，全都锋利无比，而以巨阙为最。

　　夜光：《搜神记》中说，隋侯救了一条受伤的大蛇，后来大蛇衔了一颗珍珠来报答他的恩情，那珍珠夜间放射出的光辉能照亮整个殿堂，因此人称"夜光珠"。

　　柰：果木名，落叶小乔木，花白色，果小。

◎ 译文

最锋利的宝剑叫"巨阙",最贵重的明珠叫"夜光"。水果里最珍贵的是李子和柰子,蔬菜中最重要的是芥菜和生姜。

◎ 直播课堂

中国人的饮食习惯与西方人有很大不同,这当然主要是因为自然环境的不同及物种的差异。比如水果,李子和柰子虽然都很小,味道却很甘美,也最为常见。由于中国北方气候严寒,所以人们在做菜时,喜欢用芥菜或生姜来调味,以抵御寒气。

海咸河淡,鳞潜羽翔

◎ 我是主持人

我们不说"长鳞的鱼在水里游,长羽毛的鸟在天上飞"。因为"潜"是水下行的意思,长鳞甲在水中潜行的动物种类太多了,且不说龙,海龟、玳瑁一类的鳞甲动物也属于鳞潜,只理解成鱼就太狭隘了。同样,长羽毛能在天上飞的,也不仅仅是鸟,野鸭子、天鹅、白鹤都能飞。

◎ 原文

海咸河淡,鳞潜羽翔。龙师火帝,鸟官人皇。

◎ 注释

龙师:相传伏羲氏用龙给百官命名,因此叫他"龙师"。

火帝:神农氏用火给百官命名,因此叫他"火帝"。

鸟官:少昊(hào)氏用鸟给百官命名,因此叫他"鸟官"。

人皇:传说中的三皇之一。《补三皇本纪》中说:人皇有九个头,乘着云车，驾着六只大鸟，兄弟九人，分掌九州，各立城邑，共传了150代，合计45600年。

◎ 译文

　　海水是咸的，河水是淡的，鱼儿在水中潜游，鸟儿在空中飞翔。龙师、火帝、鸟官、人皇，这都是上古时代的帝皇。

◎ 直播课堂

　　人类生存不能离开水，所以，我们一定要珍惜每一滴水，不要浪费。当然，大自然中的每一物种，如水中的游鱼，空中的飞鸟，都与人类生存息息相关，我们也要珍惜它们。龙师火帝，鸟官人皇，这些都是中国传说中的远古祖先，也是华夏民族的奠基者。

始制文字，乃服衣裳

◎ 我是主持人

　　在黄帝时代，黄帝被尊为"人文初祖"，华夏文明进程才正式开始。

◎ 原文

　　始制文字，乃服衣裳。推位让国，有虞陶唐。

◎ 注释

　　有虞：有虞氏，传说中的远古部落名，舜是它的首领。这里指舜，又称虞舜。

　　陶唐：陶唐氏，传说中的远古部落名，尧是它的首领。这里指尧，又称唐尧。尧当了七十年君主，他死时把君位让给了舜；舜当了五十年君主，又把君位传给了禹，史称"禅让"。

◎ 译文

仓颉创制了文字，嫘祖制作了养蚕制作衣服。唐尧、虞舜英明无私，主动把君位禅让给功臣贤人。

◎ 直播课堂

在黄帝时代，人们开始穿上衣服，表明这时候的人类有了羞耻之心，也标志着人类脱离了蒙昧的原始状态，步入了文明时代。而传说中的仓颉造字，使得人类有了文字记录的历史。至此，华夏民族真正地形成并开始了她辉煌的文明历程。尧和舜是远古时代最有名的贤君，而他们之所以受到后人如此的推崇，其实就在于他们在位时兢兢业业地为百姓办事。

吊民伐罪，周发殷汤

◎ 我是主持人

这几句话引出了中国上古的"三王"，也就是禹王、汤王和武王，他们是夏商周三代之王，也是三个时代的代表。

◎ 原文

吊民伐罪，周发殷汤。坐朝问道，垂拱平章。

◎ 注释

周发：西周的第一个君主武王姬发，他讨伐暴君商纣王而建立周朝。

殷汤：历史上商朝又称殷，成汤是第一个君主，他讨伐夏朝暴君桀而建立商朝。

垂拱：语出《书·武成》，原文是："淳信明义，崇德报功，垂拱而天下治。"意思是不做什么而天下太平。多用作称颂皇帝无为而治的套话。

平章：平指太平；章通"彰"，彰明，显著。

◎ 译文

安抚百姓，讨伐暴君，是周武王姬发和商王成汤。贤明的君主坐在朝堂上向大臣们询问治国之道，垂衣拱手，毫不费力就能使天下太平，功绩显著。

◎ 直播课堂

夏桀和商纣开始时势力都很强大，但最终却被并不强大的商汤和周武王所推翻，原因也在于此。所以，老百姓的拥护是一个国家长治久安的关键。这里要注意的是，"无为之治"不是什么都不管，听之任之是不负责任、是失职。无为之治是指一项政令在还没有实施之前，就要把执行过程中可能出现的一切问题和反应都想到，解决方案和防范措施都预先准备好了，出现什么问题就用对应的解决方案。君主不要没事找事，政策才不会朝令夕改，民心才能安定。诸葛亮治军、治蜀都能垂拱平章，不就是因为他事先早已准备好锦囊妙计了吗？

第二章
知过必改，形端表正

人非圣贤，孰能无过？可见，犯错误是不可避免的事。然而，人们对待错误的态度却有天壤之别。有的人执迷不悟，在错误的道路上越走越远；而有的人则是以坦荡的胸襟与十足的勇气去对待自己的错误，知错必改，跌倒了爬起来，继续前进。后者所具备的就是一种可贵的高尚品格。

爱育黎首，臣伏戎羌

◎ 我是主持人

中国传统的政治制度，历来就有"王道"与"霸道"之别。王道指的是先王之道，即夏商周三王的统治方法。三王的统治用的是仁义道德，其结果就是无为而治，天下太平，这种政治体制是王道。

◎ 原文

爱育黎首，臣伏戎羌。遐迩一体，率宾归王。

◎ 注释

遐迩：远近。

率宾：同"率滨"，出自《左传》："普天之下，莫非王土；率土之滨，莫非王臣。"

◎ 译文

他们爱抚、体恤老百姓，使四方各族俯首称臣。普天之下都统一成一个整体，所有的老百姓都服服帖帖地归顺于他的统治。

◎ 直播课堂

戎羌代表了四方的少数民族，是"南蛮北狄，西戎东夷"的简称。西戎在今天的甘肃、青海、四川一带，以游牧生活为主。周朝中叶，西戎入侵中原，当时的西戎被称作犬戎，曾迫使周平王向东迁都洛阳，由此开始了东周的历史。羌族也是西部的少数民族之一，后来与汉族融合，定居务农，属于中国56个民族中的一员。

鸣凤在竹，白驹食场

◎ **我是主持人**

　　这里的鸣凤与白驹，代表了那个以道德仁义为教化的太平盛世，它具体表现在有德君主的教化覆盖了大自然的一草一木。

◎ **原文**

　　鸣凤在竹，白驹食场。化被草木，赖及万方。

◎ **注释**

　　驹：小马。

　　被：通"披"，覆盖，恩泽。

◎ **译文**

　　凤凰在竹林中欢乐地鸣叫，小白马在草场上自由自在地吃着草。圣君贤王的仁德之治使草木都沾受了恩惠，恩泽遍及天下百姓。

◎ **直播课堂**

　　凤凰这种吉祥的鸟其实是传说，因为从来没有人见过凤凰是什么样子。但是，用"鸣凤在竹，白驹食场"来表示太平盛世还是不错的，战乱动荡的时代很难看到如此宁静美好的场景。

盖此身发，四大五常

◎ 我是主持人
中国古代向来是以"孝"治天下的，所以，《孝经》是儒家经典中非常重要的一部。

◎ 原文
盖此身发，四大五常。恭维鞠养，岂敢毁伤。

◎ 注释
盖：发语词，无实义。

四大：地、水、风、火。

五常：仁、义、礼、智、信。

鞠养：抚养，养育。

◎ 译文
人的身体发肤分属"四大"，一言一动都要符合"五常"。诚敬地想着父母的养育之恩，哪里还敢毁坏损伤它。

◎ 直播课堂
《孝经》认为："身体发肤，受之父母，不敢毁伤，孝之始也。"也就是说，我们的身体是父母赐予的，不能有任何损伤，这是孝敬父母的开端。其实，重视孝道，不管在什么时代、什么国家，都是每个人应该具备的品质。

女慕贞洁，男效才良

◎ **我是主持人**

全球的人口有七十多亿，人数虽然众多，无非只是一男一女而已。人的性别虽有不同，但所具有的五常之德是相同的，都是仁义礼智信。这是做人的资格，离开了五常也就不能称其为人了。

◎ **原文**

女慕贞洁，男效才良。知过必改，得能莫忘。

◎ **译文**

女子要仰慕那些持身严谨的贞妇洁女，男子要仿效那些有才能、有道德的人。知道自己有过错，一定要改正；适合自己干的事，不要放弃。

◎ **直播课堂**

中国古代对女子的要求是"贞洁"，对男子的要求是"才良"，如果我们舍弃封建社会给这些词语所加上的歪曲解释的话，那么，这个要求其实是很全面的："贞"指内心方正的品性，"洁"指外在洁净的品行，"才"指才能，"良"指德行。现在，我们依然可以用这个标准来要求自己。

罔谈彼短，靡恃己长

◎ **我是主持人**

　　这两句话里强调了两个不要：第一不要谈论别人的缺点和短处。当你手指别人的时候，只有一根指头指别人，三根指头却指向自己，到头来受伤害最重的正是自己不是别人。第二不要依仗自己的长处而骄傲自大，因为"满招损，谦受益"。

◎ **原文**

　　罔谈彼短，靡恃己长。信使可覆，器欲难量。

◎ **注释**

　　罔：无，不，没有。
　　靡：无，不，没有。
　　恃：依赖，依仗。

◎ **译文**

　　不要谈论别人的短处，也不要依仗自己有长处就不思进取。要说经得起考验的诚实的话，器度要大，让人难以估量。

◎ **直播课堂**

　　前两句是相辅相成的，喜欢说别人短处的人同时也常常喜欢夸耀自己的长处，反过来也一样，总爱自吹的人也多看不起别人。其实，每个人都有优点和缺点，要看到别人的优点并学习，看到自己的缺点并改正，这样才是一个有修养的人。

墨悲丝染，诗赞羔羊

◎ 我是主持人

"诗"指的是《诗经》，《诗经·风·召南》中有《羔羊》一篇，赞美了小羊羔毛皮的洁白，意思与墨子说的差不多，也是感叹人的本性像羔羊的皮毛一样洁白柔软。人应该永远保持这种纯善的。

◎ 原文

墨悲丝染，诗赞羔羊。景行维贤，克念作圣。

◎ 注释

墨：墨子，名翟。鲁国人（一说宋国人），战国初期思想家，墨家学派创始人。他看见匠人把白丝放进染缸里染色，悲叹道："染于苍则苍，染于黄则黄。"强调人要注意抵御不良环境的影响，保持天生的善性。

羔羊：语出《诗·召南·羔羊》："羔羊之皮，素丝五纰。"通过描写羔羊毛色的洁白如一，来赞颂君子的"节俭正直，德如羔羊"。《毛序》："《羔羊》，鹊巢之功致也。召南之国化文王之政，在位皆节俭正直，德如羔羊。"

景行：语出《诗·小雅·车辖》："高山仰止，景行行止。"意思是对高山要抬头瞻仰，对贤人的品德要看齐，站到一个行列中去。

克：能。

◎ 译文

墨子悲叹白丝被染上了杂色，《诗经》赞颂羔羊的毛色能始终保持洁白如一。要仰慕圣贤的德行，要克制私欲，努力仿效圣人。

◎ **直播课堂**

　　墨子看见染丝而悲叹，是因为他想到了人的品性。其实，社会生活在某种程度上来说就是一个大染缸，我们生活于其中，慢慢地发生了许多变化，而一旦被染了色，再想恢复本性的质朴纯洁，便不可能了。我们应该像羔羊的皮毛一样，一直保持洁白。

德建名立，形端表正

◎ **我是主持人**

　　人都向往有好的声名，就像喜欢果树可以结很多果实一样。然而，一棵树如果没有坚实的根基和粗壮的主干，是结不出累累硕果的。人也一样，要想有声名，必须先提高自己的内在修养，这就要学习贤人，克制私念，建立德行。

◎ **原文**

　　德建名立，形端表正。空谷传声，虚堂习听。

◎ **注释**

　　习：长期反复地做，逐渐养成不自觉的活动。

◎ **译文**

　　养成了好的道德，就会有好的名声，就如同形体端庄了，仪表就正直了一样。空旷的山谷中呼喊声传得很远，宽敞的厅堂里说话声非常清晰。

◎ **直播课堂**

　　"形端"除了指外在的形体，还指内在的品质。人的外貌是天生的，漂亮与否自己无法选择，但是，气质却是我们自己修养得来的，古语说"腹有诗书气自华"，就是这个道理。内心丑陋的人，相貌再俊美也会遭人厌恶；而内心高尚的人，无论外表如何，都会让人喜欢。

人在自我修养的过程中，有什么样的行动就会引起相应的效果。要谦虚，一如空旷的山谷与空荡的房子，这样才能达到传声与习听的效果。

第三章
学优登仕，言辞安定

"事情做好了，可以总结经验，从中学习，取得进步；学习学好了，就可以把这些知识应用到日常做事中。"孔子说过，"学而时习之"，出仕是"时习之"的途径之一，也就是把所学的、所修的东西应用到实践之中。但是，修身学习是无止境的，人的一生是学习的一生，在任何时间，任何地点，只要有机会就不要放弃学习。

祸因恶积，福缘善庆

◎ 我是主持人

小小的过错也会累积起来酿成大祸，所以，不要因为有些过错比较微小，就不检点自己。同样，做好事也要从点滴的小事做起。

◎ 原文

祸因恶积，福缘善庆。尺璧非宝，寸阴是竞。

◎ 注释

祸、福二句语出《易·坤·文言》："积善之家，必有余庆；积不善之家，必有余殃。"

◎ 译文

灾祸是作恶多端的结果，福禄是乐善好施的回报。一尺长的美玉不能算是真正的宝贝，而即使是片刻的时光也应该珍惜。

◎ 直播课堂

在这个世界上，很多东西都是有价的，可以用金钱来买，但只有时间是永远也买不来的，失去了就永远不会再回来。所以，我们一定要懂得时间的宝贵，好好珍惜，要利用好每一分每一秒，来做有意义的事情。

资父事君，曰严与敬

◎ 我是主持人

在中国古代，"孝"与"忠"其实是一样的：在家侍奉父母是孝，出来服务君王是忠。忠是大孝，孝是小忠。

◎ 原文

资父事君，曰严与敬。孝当竭力，忠则尽命。

◎ 注释

事：侍奉。

◎ 译文

奉养父亲，侍奉君主，要严肃而恭敬。孝顺父母应当竭尽全力，忠于君主要不惜献出生命。

◎ 直播课堂

只有对父母孝的人，才能对君王忠。当然，这个"忠"字也应当辩证地看，这里说"忠则尽命"是封建思想。不过，我们如果把"忠"的对象不看作君王，而是国家和人民，那么，"忠则尽命"还是很有意义的。

临深履薄，夙兴温凊

◎ **我是主持人**

这话是"资父事君"的具体原则和方法。"临深履薄"是事君之道，"夙兴温凊"是资父之道，二者都是严与敬的具体体现。

◎ **原文**

临深履薄，夙兴温凊。似兰斯馨，如松之盛。

◎ **注释**

夙兴："夙兴夜寐"之略。夙，早。

温凊（qìng）："冬温夏凊"之略。凊，凉。

◎ **译文**

侍奉君王时，要像"如临深渊，如履薄冰"那样小心谨慎；侍奉父母时，要早起晚睡，让他们感到冬暖夏凉。让自己的德行像兰草那样清香，像松柏那样茂盛。

◎ **直播课堂**

古代对孝的要求是"夙兴夜寐"，就是说早晨父母还没有起床，做儿女的就要先起来；晚上父母睡下了，做儿女的才能睡。

川流不息，渊澄取映

◎ 我是主持人

这话是紧承时所说的，自己建立起来的德行应该像江河水一样川流不止，流传到子孙后代，永远不会停息。

◎ 原文

川流不息，渊澄取映。容止若思，言辞安定。

◎ 译文

自己的高尚品行能延及子孙，像大河川流不息；还能影响世人，像碧潭清澄照人。仪容举止要沉静安详，言语措辞要稳重，显得从容沉静。

◎ 直播课堂

对于个人修养而言，应该做到"川流不息"，因为"流水不腐，户枢不蠹"，只有不断自省，才不会停滞不前；而修养的结果则应当达到"渊澄取映"的效果，一个人的品性修养到一定境界，就会如明镜一样，照出别人，也照出自己的优缺点。

笃初诚美，慎终宜令

◎ 我是主持人
前两句其实还有一个值得注意的反面，那就是不要过于钻牛角尖，一条路走到黑。发现自己错了，要勇于改正。

◎ 原文
笃初诚美，慎终宜令。荣业所基，藉甚无竟。

◎ 注释
笃：忠实，诚信。

藉：作衬垫的东西，凭借。

◎ 译文
无论修身、求学，重视开头固然不错，要坚持认真去做，有好的结果更为重要。这是一生荣誉的事业的基础，有此根基，发展就没有止境。

◎ 直播课堂
《三国演义》中的赵云，最初是袁绍的手下，后来见袁绍不好，便投奔了公孙瓒，但发现公孙瓒也是不关心百姓安危，只知扩充自己实力的军阀，最后终于投靠了刘备。赵云虽然没有做到忠于一主，但我们却称赞他的眼光与改过的决心。

学优登仕，摄职从政

◎ 我是主持人

不论是官员还是普通民众，只要能为他人着想，都会受人尊敬。

◎ 原文

学优登仕，摄职从政。存以甘棠，去而益咏。

◎ 注释

学优：《论语》有"学而优则仕"之语。

摄：代理。

甘棠：木名，即棠梨。《史记·燕召公世家》："周武王之灭纣，封召公于北燕……召公巡行乡邑，有棠树，决狱政事其下，自侯伯至庶人各得其所，无失职者。召公卒，而民人思召公之政，怀棠树不敢伐，哥咏之，作《甘棠》之诗。"后遂以"甘棠"称颂循吏的美政和遗爱。

◎ 译文

书读好了就能做官，可以行使职权参加国政。周人怀念召伯的德政，召公活着时曾在甘棠树下理政，他过世后老百姓对他更加怀念歌咏。

◎ 直播课堂

有些人当官，只想着为自己捞好处，所谓"三年清知府，十万雪花银"，但这样的官吏不是早早被人们遗忘了，就是遗臭万年。只有那些真正为人民做事的人，才会被人民记住。

乐殊贵贱，礼别尊卑

◎ **我是主持人**

礼乐文化是中国古典文化的核心内容之一，其实就是区分高低贵贱等级的。虽然在现代社会已经失去了意义，但是礼乐文化的内在精神却依然是中华民族的优秀传统，比如对待父母、师长，一定要尊敬，要有礼数。

◎ **原文**

乐殊贵贱，礼别尊卑。上和下睦，夫唱妇随。

◎ **译文**

音乐要根据人们身份的贵贱而有所不同，礼节要根据人们地位的高低而有所区别。上下要和睦相处，夫妇要一唱一随。

◎ **直播课堂**

"夫唱妇随"在古代社会的意思是"丈夫的主意，妻子就要服从"。以我们现在男女平等的观念来看，这四个字实际是互文见义的，也有"妇唱夫随"的意思，就是说夫妻是一体，相互之间应该有一致的意见、和谐的行动。

第四章
性静情逸，仁慈隐恻

通过自我反省体察，使身心达到完美的境界。个人修身不仅包含了为人、修身、处世的智慧，还需要有一颗平常心去应对日常的烦恼和不幸。我们要力戒权力、金钱、美色等各种诱惑，不断完善自身，加强个人修养，提高道德品质，同时保持健康平和的心态。

外受傅训，入奉母仪

◎ 我是主持人
"傅训"是师傅、师长的训诲，属于师道。传统教育中的"师"分为"人师"与"经师"，人师的责任是教学生化性、立命，学做人；经师则负责知识的传授。

◎ 原文
外受傅训，入奉母仪。诸姑伯叔，犹子比儿。

◎ 译文
在外接受师傅的训诲，在家遵从父母的教导。对待姑姑、伯伯、叔叔等长辈，要像是他们的亲生子女一样。

◎ 直播课堂
父母是人生的第一个老师，虽然现在教育的主要任务由学校完成，可是，父母的言传身教却从最深的层面上影响着孩子的人格结构与精神面貌。

孔怀兄弟，同气连枝

◎ 我是主持人

　　交友一定要慎重，"切磨箴规"就是交友的四字真言。

◎ 原文

　　孔怀兄弟，同气连根。交友投分，切磨箴规。

◎ 注释

　　孔怀：出自《诗·小雅·常棣》："死丧之威，兄弟孔怀。"后来多用"孔怀"来代指"兄弟"。
　　切磨：本指加工玉石等器物，此引申为学问上的探讨研究。
　　箴：劝诫、劝勉。

◎ 译文

　　兄弟之间要相互关心，因为同受父母血气，如同树枝相连。结交朋友要意气相投，要能在学习上切磋琢磨，品行上互相告勉。

◎ 直播课堂

　　人的成长会受很多因素影响，朋友是其中很重要的一个因素。在成长过程中，一个人往往不由自主地被身边的朋友所影响，自己却一点也觉察不到。

仁慈隐恻，造次弗离

◎ **我是主持人**

　　仁慈隐恻、节义廉退，这些都是人最美好的品质。但是，一个人若是处于顺境时能做到这些，而身处逆境时就做不到，那还不算真的拥有这些品质。

◎ **原文**

　　仁慈隐恻，造次弗离。节义廉退，颠沛匪亏。

◎ **注释**

　　隐恻：恻隐，怜悯、同情。
　　颠沛：跌倒，比喻处境窘迫困顿。
　　匪：非，不是。

◎ **译文**

　　仁义、慈爱和对人的恻隐之心，在任何时候、任何地方都不能抛离。气节、正义、廉洁、谦让这些品德，在最穷困潦倒的时候也不可亏缺。

◎ **直播课堂**

　　这四句话合在一起，讲了"仁义礼智信"五常之德。首先说的是仁德。仁慈就是仁德，仁是体，慈是用，表现出来就是爱心。能够不讲条件的博爱就是慈，慈的本体就是仁，它们是一体三面，同出而异名。仁是五德之首，是儒家学说的核心，也是孔子一生追求的根本。《论语》二十篇中有"里仁"一篇，专门谈仁的体和用。

性静情逸，心动神疲

◎ **我是主持人**

这句蕴含了很深的哲理，值得仔细品味，反复咀嚼。中国有句古话叫"知足者常乐"。

◎ **原文**

性静情逸，心动神疲。守真志满，逐物意移。

◎ **译文**

保持内心清静平定，情绪就会安逸舒适，心为外物所动，精神就会疲惫困倦。保持自己天生的善性，愿望就可以得到满足，追求物欲享受，善性就会转移改变。

◎ **直播课堂**

鲁迅先生曾经说过"不满是向上的车轮"，但那是指在学习与事业上的追求，指的是人生境界的提升，而不是对物质的追逐。我们从小要树立正确的幸福观，并不是有了许多钱和东西就是幸福的，真正的幸福是内心的平静与安宁。

背邙面洛，浮渭据泾

◎ 我是主持人

　　这句话描绘了都城中帝王宫殿的雄伟和壮丽。天子所居之室叫宫，天子所议之堂叫作殿，本来在上古时期宫室通称，以后宫字才专为皇家所用。殿的本义是泛指高大的房屋，以后专指供奉神佛或帝王受朝理事的厅堂。

◎ 原文

背邙面洛，浮渭据泾。宫殿盘郁，楼观飞惊。

◎ 注释

　　邙（máng）：山名，北邙山，在河南省。

◎ 译文

　　洛阳背靠邙山，面临洛水；长安北横渭水，远据泾河。宫殿回环曲折，楼台宫阙凌空欲飞，使人心惊。

◎ 直播课堂

　　长安和洛阳是中国古代最有名的两个都市，也是当时世界范围内最为繁华的大都市。因为长安在西，洛阳在东，所以也分别叫西都与东都。洛阳在西周时期开始建城，从此先后有九个主要朝代将国都设在这里，所以洛阳被称为"九朝古都"；而自西汉在长安建都后，先后有十一个主要朝代在这里建都，特别是强盛的西汉和唐朝也以此为全国的核心，使长安成为古代中国最著名的都城。

图写禽兽，画彩仙灵

◎ **我是主持人**

读书要学会随文入观，要随着文字的展开，进入文字中所描写的那种情景与状态，脑子里要像看电视剧一样。此处的文字就是剧本，你自己是摄影师，你的镜头先从远方的背景处开始拍摄。然后将镜头慢慢拉近，"宫殿盘郁，楼观飞惊"，再将镜头拉向宫殿里边，对彩绘装饰的特写镜头，"图写禽兽，画彩仙灵"，这样读书才有意思，才活灵活现。

◎ **原文**

图写禽兽，画彩仙灵。丙舍傍启，甲帐对楹。

◎ **注释**

丙舍：宫中别室。
甲帐：汉武帝时所造的帐幕。

◎ **译文**

宫殿里画着飞禽走兽，还有彩绘的天仙神灵。正殿两边的配殿从侧面开启，豪华的帐幕对着高高的楹柱。

◎ **直播课堂**

在整个世界建筑史上，中国古代的建筑艺术是非常独特的。雄伟的宫殿与高耸的楼阁，红砖碧瓦，回廊掩映。而建筑内部则是雕梁画栋，色彩缤纷。所画的珍禽异兽，都代表着吉祥；而天仙神灵，也各有故事与传说。

肆筵设席，鼓瑟吹笙

◎ 我是主持人

这是说古代建筑内部结构的。中国古代建筑的布局与章法很严密，比如正殿与偏殿的搭配以及各自的门向哪个方向开，都是有严格规定的，因为这也体现了等级的差别。

◎ 原文

肆筵设席，鼓瑟吹笙。升阶纳陛，弁转疑星。

◎ 注释

笙：簧管乐器，《诗·小雅·鹿鸣》："我有嘉宾，鼓瑟吹笙。"

陛：帝王宫殿的台阶。

弁：古时的一种官帽，通常配礼服用（吉礼之服用冕）。赤黑色布做叫爵弁，是文冠；白鹿皮做的叫皮弁，是武冠。后泛指帽子。

◎ 译文

宫殿里摆着酒席，弹琴吹笙一片欢腾。官员们上下台阶互相祝酒，珠帽转动，像满天的星斗。

◎ 直播课堂

中国历史上各个朝代皇帝是坐北朝南的，宫殿的正门也就应该朝南开。与此对应，古代几乎所有建筑都尽量建得正南正北，而且正门向南。

右通广内，左达承明

◎ 我是主持人

《三辅黄图》这部汉朝的著作中就描写，"建章宫中，西则广内殿"，"未央宫有承明殿"。建章宫右通广内殿，未央宫往左去就是承明殿。古代东为右，西为左，上为南，下为北，与西洋地图相反。广内殿是皇帝收藏图书典籍的地方，承明殿是皇帝会见文武大臣的地方。

◎ 原文

右通广内，左达承明。既集坟典，亦聚群英。

◎ 注释

广内：汉宫廷藏书之所，指帝王书库。
承明：古代天子左右路寝称承明，因承接明堂之后，故称。
坟：《三坟》，记载三皇事迹的书。
典：《五典》，记载五帝事迹的书。

◎ 译文

右面通向用以藏书的广内殿，左面到达朝臣休息的承明殿。这里收藏了很多的典籍名著，也聚集着成群的文武英才。

◎ 直播课堂

中国古代的建筑无论是一般老百姓的房子，还是皇家的宫殿，都是建筑在一个高出地面的台基之上，所以堂前有台阶，要进入堂屋必须一步一步地登上去。所以，古代说某人达到了一定的境界，就用"登堂入室"来表示。

第五章
济弱扶倾，策功茂实

真正的强者不一定是多有力或者多有钱，而是他对别人有帮助。责任可以让我们将事情做完整，爱可以让我们将事情做好。热忱之心不能泯灭，要帮助照顾弱小者。

杜稿钟隶，漆书壁经

◎ 我是主持人

中华民族是非常注重文化积累与传承的民族，而书是文化的载体，没有了书，文化也就没有了传承的途径。

◎ 原文

杜稿钟隶，漆书壁经。 府罗将相，路侠槐卿。

◎ 注释

杜稿：杜度的草书手稿。

钟隶：钟繇的隶书真迹。

漆书：汲县魏安厘王墓中发掘出来的漆书。

壁经：汉代鲁恭王在曲阜孔庙墙壁里发现的古文经书。

侠：同"夹"。

◎ 译文

皇宫里有杜度草书的手稿和钟繇隶书的真迹，有从汲县魏安厘王冢中发掘出来的漆写古书，以及汉代鲁恭王在曲阜孔庙墙壁内发现的古文经书。宫廷内将相依次排成两列，宫廷外大夫公卿夹道站立。

◎ 直播课堂

历史上，只有秦始皇曾经焚书，别的帝王一般都很重视书籍，在登基之后都会搜集天下遗书，或抄或买，把珍贵的书籍都收罗到皇宫里，专门珍藏起来。

户封八县，家给千兵

◎ 我是主持人

这些公卿将相的待遇，都是非常丰厚的。简单地形容一下，就是"户封八县，家给千兵"。每户的封地都有八个县那么大，每家的亲兵卫队都有千人以上。这里的"八"和"千"是概数，不是实数。

◎ 原文

户封八县，家给千兵。高冠陪辇，驱毂振缨。

◎ 注释

辇：古时用人拉或推的车。
毂：泛指车。

◎ 译文

公卿将相每家都有八县以上的封地，还有上千名的侍卫武装。戴着高大帽子的官员们陪着皇帝出游，驾着车马，帽带飘舞着，好不威风。

◎ 直播课堂

古代皇帝给臣子的封地，开始时都是真正赏赐给大臣们的私有财产，被赐的人有权在封地内收税。但是随着时代的发展，皇帝发现这个行不通，因为功臣太多，每人分一块地，最后给天子剩的地就不多了，天子就收不到多少赋税了，而且，这也极大地影响了天子的权威。于是，从汉代开始，皇帝就逐渐废除了这一制度。后世也有封给有功之臣领地的，但那都是名义上的，受赏的人仍然没有权力去管理那个地方。

世禄侈富，车驾肥轻

◎ **我是主持人**

古代贵族的爵位是世袭的，只要后代子孙没有违纪犯法，爵位没有被削夺就可以世袭往替。禄是根据爵位的等级不同，政府予以的配给和补贴。

◎ **原文**

世禄侈富，车驾肥轻。策功茂实，勒碑刻铭。

◎ **译文**

他们的子孙世代领受俸禄，奢侈豪富，出门时轻车肥马，春风得意。朝廷还详尽确实地记载他们的功德，刻在碑石上流传后世。

◎ **直播课堂**

古代门阀世家的生活非常奢侈，也不用担心坐吃山空，因为他们的爵位都是世袭的，即一代传一代，不管后代是否有才能，或者对国家是否有贡献，都能当上官，而且，可以根据爵位得到俸禄。正因如此，这些家族的后代都变得没有什么才能了，因为他们从小衣来伸手，饭来张口，也不用求上进就可以有奢华的生活，天长日久，就成了寄生虫。

磻溪伊尹，佐时阿衡

◎ 我是主持人

从这里开始举出一系列文臣武将的事例，记载了他们的功德，都是一段段感人的事迹，同时也成为脍炙人口的戏文故事。

◎ 原文

磻溪伊尹，佐时阿衡。奄宅曲阜，微旦孰营。

◎ 注释

磻溪：姜太公吕尚。吕尚在磻溪钓鱼，遇文王，拜为太师，辅佐周武王灭商。

伊尹：原为有莘氏女的陪嫁奴隶，商汤用为小臣，后来任以国政，辅佐商汤功灭夏桀。

阿衡：商朝官名，相当于宰相。《诗·商颂·长发》中"寔维阿衡，左右商王"，则是专指伊尹。

旦：周公姬旦。

◎ 译文

周武王磻溪遇吕尚，尊他为"太公望"；伊尹辅佐时政，商汤王封他为"阿衡"。周成王占领了古奄国曲阜一带，要不是周公旦辅政哪里能成？

◎ 直播课堂

姜子牙和伊尹是古代最为有名的两个辅国大臣，也是历朝历代文武百官共同追求的榜样。他们不但辅佐君王得到天下，而且也辅佐君王治理天下。

桓公匡合，济弱扶倾

◎ 我是主持人

　　一个地方的历史变迁当然与这个地方的地理环境有关，但也与其文化传统有关，有时甚至与某个重要的历史人物有关，比如周公之于鲁地就是这样。

◎ 原文

　　桓公匡合，济弱扶倾。绮回汉惠，说感武丁。

◎ 注释

　　匡：正，纠正，端正。

　　绮：绮里季，商山四皓之一。汉惠帝做太子时，汉高祖想废掉他另立太子。吕后用张良的计策，厚礼迎来商山四皓，使他们与太子相处。汉高祖看到惠帝羽翼已成，就打消了另立太子的念头。

　　说：傅说。傅说原是在傅岩筑城的奴隶，殷高宗武丁梦见了他，便画像访求，找到以后，用为宰相。

◎ 译文

　　齐桓公匡正天下诸侯，都打着"帮助弱小""拯救危亡"的旗号。汉惠帝做太子时靠绮里季才幸免废黜，商君武丁感梦而得贤相。

◎ 直播课堂

　　周公是中国文化史上非常著名的人物，据说很多中国文化的经典都是他写的。虽然这已经无法证明，但是他的封地鲁国却一直是中国文化的重要发祥地，相比于其他地区，这里的文化底蕴更为丰厚，人民更懂得礼仪。后来，也是在这里诞生了儒家文化的代表人物孔子。

俊乂密勿，多士实宁

◎ 我是主持人

　　称霸的头一名是齐桓公，第二名就是晋文公了。孔子对这二人的评价是：晋文公谲而不正，齐桓公正而不谲。晋文公的经历非常坎坷，因家庭变故在外流浪19年，饱尝人间冷暖。所以他的为人处世，用诡诈计谋的时候多，谲就是诡诈。齐桓公就不是这样，世家贵族出身，为人处世都有绅士的派头。

◎ 原文

　　俊乂密勿，多士实宁。晋楚更霸，赵魏困横。

◎ 注释

　　乂：治理，安定。
　　横：连横。战国时，苏秦说六国联合拒秦，史称"合纵"。张仪主和拆散合纵，使六国一个个服从秦国，称为"连横"。由于连横，秦国采取远交近攻政策，首先打击赵、魏，所以说"赵魏困横"。

◎ 译文

　　贤才的勤奋谨慎，换来了百官的各安其位。晋文公、楚庄王先后称霸，赵国、魏国受困于连横。

◎ 直播课堂

这些话其实说了一个意思：对于一个国家而言，最为重要的是人才。有了人才，哪怕他并不出力，也是一种震慑，就像商山四皓一样，他们并没有给刘盈出谋划策，但刘盈却因他们而保住了太子的位置。

假途灭虢，践土会盟

◎ 我是主持人

这两句告诫我们，千万不要贪图小便宜，因为这很有可能是别人下的诱饵，我们可能会因为这个小便宜而吃大亏。

◎ 原文

假途灭虢，践土会盟。何遵约法，韩弊烦刑。

◎ 注释

假途灭虢：出自《左传·僖公五年》：晋侯复假道于虞以伐虢。宫之奇谏曰："虢，虞之表也；虢亡，虞必从之。晋不可启，寇不可玩，……谚所谓'辅车相依，唇亡齿寒'者，其虞虢之谓也。"虞侯不听宫之奇的劝谏，最后晋国在灭掉虢国之后又灭掉了虞国。

何：萧何，汉高祖丞相。《史记·萧相国世家》说他"以文无害"，"奉法顺流"。《汉书·刑法志》说他收拾秦法，"取其宜于时者，作律九章"。这里大意是说萧何轻刑简法。

韩：韩非。《史记·老庄申韩列传》说李斯、姚贾毁谤韩非，劝始皇"以过法诛之"。

烦刑：苛刻的刑法。

弊：作法自弊。

◎ 译文

晋国向虞国借路去消灭虢国，晋文公在践土召集诸侯歃血会盟。萧何遵奉汉高祖简约的法律，韩非惨死在他自己所主张的苛刑之下。

◎ 直播课堂

这四句说的是春秋战国时代的一些历史事件。春秋战国时代是我国战争频仍的时期，但也正是在这个时期，出现了许多政治家和军事家，宫之奇就是其中的一个。而糊涂的虞公却为了区区四匹马、一块玉，就丢掉了国家。

起翦颇牧，用军最精

◎ 我是主持人

"起翦颇牧"，是战国时期的四大名将，也是中国历史上最著名的四大名将，就是白起、王翦、廉颇、李牧四位。白起是战国第一名将，有战神之称，十六岁从军，历经70余战，从无败绩，是秦国的军事史上非常重要的人物，后受封武安君。王翦也很了不起，他曾率军破赵国都城邯郸，消灭燕、赵等国。最后又以秦国的优势兵力灭了楚国，对秦始皇灭六国，统一天下起了很大的作用。廉颇勇猛果敢，屡立战功，闻名于诸侯，被封为信平君。李牧是赵国守边抗击匈奴的名将，曾奉命常年驻守在雁门，防备匈奴。后人称李牧为"奇才"，并在雁门关建"靖边寺"，纪念他戍边保民的战功。

◎ 原文

起翦颇牧，用军最精。宣威沙漠，驰誉丹青。

◎ 注释

起：白起。

翦：王翦。

颇：廉颇。

牧：李牧。

◎ 译文

秦将白起、王翦，赵将廉颇、李牧，用兵作战最为精通。他们的声威远扬到北方的沙漠，美名和肖像永远流传在千古史册之中。

◎ 直播课堂

这四位将军作战最高明，用兵最精当，他们的威名远播到沙漠边地，连塞北的胡人也敬佩不已，所以称为"宣威沙漠"。他们的肖像被画师用丹青妙笔画下来，永垂青史，就是"驰誉丹青"。丹青本是作画用的颜色，此处有载入历史画卷的意思，因为汉朝有为功臣画像立传的习俗，例如汉宣帝时将有功之臣的画像藏于麒麟阁，汉明帝时将这类画像藏于云台。

九州禹迹，百郡秦并

◎ 我是主持人

九州是中国领土的代言词，最早是帝喾高辛氏始建九州，舜帝时增至十二州，大禹治水以后仍确定为九州（兖、冀、青、徐、扬、荆、豫、梁、雍），并铸九鼎，以永定九州。

◎ 原文

九州禹迹，百郡秦并。岳宗恒岱，禅主云亭。

◎ 注释

岱：泰山的别称，也叫"岱宗""岱岳"。

◎ 译文

九州之内都留下了大禹治水的足迹，全国各郡在秦并六国后归于统一。五岳以泰山为尊，历代帝王都在云山和亭山主持禅礼。

◎ 直播课堂

泰山与帝王的封禅大典、嵩山与佛教文化、华山与道教文化都有极密切的关系，而像雁门关和长城这些原本具有政治色彩的关隘也被赋予了文化色彩。现在，它们都失去了军事作用，成为真正意义上的文化圣地。

第六章
治本于农，省躬讥诫

每个人在做事的时候都要有自我反省、勇于改正的态度，并以不断的追求去实现自己美好的愿望。一个善于自我反省的人，往往能够发现自己的优点和缺点，并能够扬长避短，发挥自己的最大潜能；而一个不善于自我反省的人，则会一次又一次地犯同样的错误，不能很好地发挥自己的能力。

雁门紫塞，鸡田赤城

◎ 我是主持人

这几句讲了中华大地上雄伟壮丽的自然与人文风景。五岳本来是自然的山峰，但在千余年中国古典文化的影响与熏陶下，这五座山同时也成了著名的人文景观，积淀了深厚的文化内涵。

◎ 原文

雁门紫塞，鸡田赤城。昆池碣石，钜野洞庭。

◎ 注释

紫塞：北方边塞，这里指长城。

鸡田：西北塞外地名。

赤城：山名，在浙江省天台县北，为天台山南门。

昆池：即昆明滇池。

碣石：河北省乐亭县东，今沉入渤海。

钜野：古湖泽名，在今山东省巨野县北五里。

◎ 译文

名关有北疆雁门，要塞有万里长城，驿站有边地鸡田，奇山有天台赤城。赏池赴昆明滇池，观海临河北碣石，看泽去山东巨野，望湖上湖南洞庭。

◎ 直播课堂

同样是巨大的湖水，滇池与洞庭湖就很不一样，各具特色，更不用说像碣石与钜野这样相差很大的地方了。

旷远绵邈，岩岫杳冥

◎ 我是主持人
中国的地理面貌多样而复杂，所以，山水风光也极为丰富和独特。有的地方广阔平坦，有的地方高大巍峨，还有的地方幽深曲折。

◎ 原文
旷远绵邈，岩岫杳冥。治本于农，务兹稼穑。

◎ 注释
绵邈：连绵遥远的样子。

岫：山洞。

杳：众多，重叠。

冥：昏暗。

稼穑：种植和收割，泛指农业劳动。

◎ 译文
中国国土辽阔，没有穷极，名山奇谷幽深秀丽，气象万千。把农业作为治国的根本，一定要做好播种与收获。

◎ 直播课堂
"旷远绵邈，岩岫杳冥"，描写我们祖国的疆域辽阔，连绵遥远，山高峻而谷幽深，景致千奇百怪，变化莫测。同时也暗含着赞美中国的历史悠久，人文荟萃，诸子百家，蔚为大观。

俶载南亩，我艺黍稷

◎ **我是主持人**

我们中华民族在历史上就是以农业立国的。为什么如此呢？任何人，不管什么时候，都是要吃饭的，这是千古不变的真理。

◎ **原文**

俶载南亩，我艺黍稷。税熟贡新，劝赏黜陟。

◎ **注释**

俶：开始。

载：从事。

黍稷：黍，植物名，亦称"稷""糜子"；稷，植物名。我国古老的食用作物，即粟，一说为不黏的黍，又说为高粱。

黜：贬职，罢免。

陟：晋升，奖励。

◎ **译文**

一年的农活该开始干起来了，种植着小米和黄米。收获季节，用刚熟的新谷交纳税粮，庄稼种得好的受到表彰和赏赐，种得不好的就要受到处罚。

◎ **直播课堂**

上古时期，国家把人民分为四等，叫作"士农工商"，"士"是士大夫，是掌握了文化、参与到国家行政权力之中的人，是官员，当然是第一位的。而农民排在第二位，比工匠与商人都高。其实，直到现在，农民问题和农业问题仍然是我们国家的头等大事。

孟轲敦素，史鱼秉直

◎ 我是主持人

中庸是中国儒家提倡的道德标准，指一种不偏不倚，折中调和的处世态度。

◎ 原文

孟轲敦素，史鱼秉直。庶几中庸，劳谦谨敕。

◎ 译文

孟子崇尚朴素，史官子鱼秉性刚直。做人要尽可能合乎中庸的标准，必须勤劳谦逊，谨慎检点，懂得规劝告诫自己。

◎ 直播课堂

一个人做人要心地方正、端直，不可以圆滑，但处众办事要圆融，要注意方式方法。说话办事也直来直去，别人就接受不了。《易经》中也反复强调"天圆地方"，众人为天，天圆就是处众要圆融，要有智慧；心田为地，地方就是心地方正，要有操守。

聆音察理，鉴貌辨色

◎ 我是主持人

俗话说"听话听声，锣鼓听音"。这个人说的话，要表达的真正含义是什么，一定要搞明白。古人很含蓄，表达问题的方式也很婉转，我们读古书时就会发现，在很多情况下都是"假语存"而"真事隐"。

◎ 原文

聆音察理，鉴貌辨色。贻厥嘉猷，勉其祗植。

◎ 注释

贻：遗留。
厥：他的。
猷：计划，谋划。
祗：恭敬。
植：立身于不败之地。

◎ 译文

听人说话要审察其中的道理，看人容貌要看出他的心情。要给人家留下正确高明的忠告或建议，勉励别人谨慎小心地处世立身。

◎ 直播课堂

一个人的内在本性无论装饰得多么巧妙，总会有意无意地在相貌与表情上表现出来。当一个人见多识广，经历了许多的人和事后，再巧妙的伪装也逃不过他的眼睛，这种本领其实就是"聆音察理，鉴貌辨色"，时时留心，自然就明白了。

省躬讥诫，宠增抗极

◎ **我是主持人**

　　一般来说，别人嘲笑你，一定是你有某些地方做得不好，所以，不要先想着怎样辩解甚至怎样报复，而是要先反省自己，是不是哪儿真的做得不好。

◎ **原文**

　　省躬讥诫，宠增抗极。殆辱近耻，林皋幸即。

◎ **注释**

　　皋：水边的高地。

◎ **译文**

　　听到别人的讥讽告诫，要反省自身；备受恩宠不要得意忘形，对抗权尊。如果知道有危险、耻辱的事快要发生，就退隐山林，还可以幸免于祸。

◎ **直播课堂**

　　对于别人的嘲笑和讥讽，我们一定要有正确的态度，古语云"有则改之，无则加勉"，就是说，若有人家所指出的那些过错，就改正；若没有，就勉励自己以后也不要犯这类错误。

两疏见机，解组谁逼

◎ 我是主持人
这几句是劝人们不要太过于热衷官位和名利，以免引火上身，悔之晚矣。

◎ 原文
两疏见机，解组谁逼。索居闲处，沉默寂寥。

◎ 注释
两疏：汉宣帝时的疏广、疏受叔侄两个人。此二人曾为太子、太傅与太子少傅，位高名显。二人怕树大招风，只干了五年就主动告老还乡了。

◎ 译文
汉代疏广、疏受叔侄见机归隐，有谁逼迫他们辞去官职呢？离君独居，悠闲度日，整天不用多费唇舌，清静无为岂不是好事。

◎ 直播课堂
就封建社会的实际情形来说，伴君如伴虎，谁知道明天会发生什么事呢？还是应该回到家乡，与世无争，更为清静悠闲，自由自在。现在，我们并不提倡这种带有消极色彩的生活方式和人生追求，而是提倡每个人都为社会贡献自己的聪明才智。但是，这几句所说的那种清静平和的心态还是我们应该学习的。

求古寻论，散虑逍遥

◎ **我是主持人**

"杞人忧天"是一个很有哲理的成语，因为人的烦恼很多都是自己找来的。

◎ **原文**

求古寻论，散虑逍遥。欣奏累遣，戚谢欢招。

◎ **译文**

探求古人古事，读点至理名言，就可以排除杂念，自在逍遥。轻松的事凑到一起，费力的事丢在一边，消除不尽的烦恼，得来无限的快乐。

◎ **直播课堂**

有的事想开一点，也许就不会烦恼了；有的事换一种角度来看，或许还是件好事。人应该珍惜自己有限的生命，不要把时光耗费在唉声叹气里，而要与欢声笑语相伴随。

渠荷的历，园莽抽条

◎ **我是主持人**

这几句话给大家描绘了非常美的四幅风景画，是春夏秋冬四季景致的写真。我们随着文字，在头脑里想象画面，越具体越栩栩如生越好。

◎ **原文**

渠荷的历，园莽抽条。枇杷晚翠，梧桐蚤凋。

◎ **注释**

的历：光彩烂灼的样子。

蚤：通"早"，指月初或早晨。

◎ **译文**

池塘中的荷花开得多么鲜艳，园林内的青草抽出了嫩芽。到了冬天枇杷叶子还是绿的，梧桐一到秋天叶子就凋落了。

◎ **直播课堂**

大自然永远是人类的精神家园，每个人都应该热爱大自然，能够欣赏大自然的美。人类是自然的产物，也只有在大自然中，人们才能得到身心的休憩与精神上的享受，这是别的任何享受也替代不了的。

陈根委翳，落叶飘摇

◎ 我是主持人

人不能总在书房里求古寻论，应该出来看看四季的风景。低头看看，陈根萎翳；抬头看看，落叶飘摇。

◎ 原文

陈根委翳，落叶飘摇。游鹍独运，凌摩绛霄。

◎ 注释

翳：遮蔽，掩盖。

鹍：鹍鸡，古书上指像鹤的一种鸟。

◎ 译文

老树根蜿蜒曲折，落叶在秋风里四处飘荡。只有远游的鲲鹏独立翱翔，直冲布满彩霞的云霄。

◎ 直播课堂

这几句虽然写的是自然景致，却包含着哲理。新陈代谢，是大自然的规律，谁也无法阻止，老树慢慢地枯了，秋天一到，很多树的叶子也要落了。但是，在我们还能飞的时候，就一定要像鲲鹏一样，不管别人说什么，我们都要坚持自己的远大目标，为实现它而竭尽全力。

耽读玩市，寓目囊箱

◎ 我是主持人

对某一事物沉浸、沉恋、入迷了，以致别人叫也听不见，叫耽，所以耽是耳字旁。寓是寄托，玩市是热闹的集市、游玩的场所，相当于现代的购物中心。

◎ 原文

耽读玩市，寓目囊箱。易輶攸畏，属耳垣墙。

◎ 注释

囊：口袋。
輶：一种轻便的车子。
攸：所。
垣：矮墙，也泛指墙。

◎ 译文

汉代王充读书入了迷，在街市上眼睛注视的也全是书袋和书籍。换了轻便的车子要注意危险，说话要防止隔墙有耳。

◎ 直播课堂

所有的大事都是小事累积起来的，所以再小的事我们也不能掉以轻心，而要认真对待。只有从小事做起，从点滴做起，踏踏实实打好基础，才有可能做好大事。

具膳餐饭，适口充肠

◎ **我是主持人**

一种东西好吃与否，其实不是绝对的，在很大程度上要根据人的饱饿情况而定。

◎ **原文**

具膳餐饭，适口充肠。饱饫烹宰，饥厌糟糠。

◎ **译文**

平时的饭菜，要适合口味，让人吃得饱。饱的时候自然满足于大鱼大肉，饿的时候应当满足于粗茶淡饭。

◎ **直播课堂**

当一个人吃得很饱的时候，给他非常好吃的东西，他也并不觉得好吃；而当一个人非常饿的时候，给他再差的饭，他也能吃得极为香甜。所谓"饥不择食"说的就是这个道理。这种生活经验每个人都有，但是，其中所蕴含的哲理却并不是每个人都能洞悉并应用的。

第七章
昼眠夕寐，愚蒙等诮

　　无知和愚昧是一对连体兄弟，无知就是对所做的事情完全不了解，凭主观臆断去处理，其结果往往事与愿违；愚昧就是违反客观规律，不管事情的结果如何，只一味地蛮干。

亲戚故旧，老少异粮

◎ 我是主持人

请客人吃顿饭是待客之道，也是人之常情。但是要注意老少区别开。老人牙口不好，消化功能弱，要吃软的、暖的；小孩子身体正值发育，牙齿好，胃火大，爱吃凉的、硬的、粘的。

◎ 原文

亲戚故旧，老少异粮。妾御绩纺，侍巾帷房。

◎ 注释

绩纺：泛指纺纱、绩麻诸事，即纺绩。
帷房：内房。

◎ 译文

亲属、朋友会面要盛情款待，老人、小孩的食物应和自己不同。小妾、婢女要管理好家务，尽心恭敬地服侍好主人。

◎ 直播课堂

这里所说的"妾御绩纺，侍巾帷房"已经成为旧社会的旧规矩，现在人人平等，人人劳动，没有人专等着别人来服侍了。

纨扇圆絜，银烛炜煌

◎ 我是主持人

　　白色生丝织成帛叫作绢，齐地（齐国）出产的绢最有名，叫作纨。古语有称"纨绔子弟"的话，就是说穿着用绢做的裤子，泛指富家子弟衣着华美。

◎ 原文

　　纨扇圆絜，银烛炜煌。昼眠夕寐，蓝笋象床。

◎ 注释

　　纨：很细的丝织品。
　　絜："洁"之书面语。

◎ 译文

　　圆圆的绢扇洁白素雅，白白的蜡烛明亮辉煌。白日小憩，晚上就寝，有青篾编成的竹席和象牙雕屏的床榻。

◎ 直播课堂

　　这里写的是富贵人家的日常生活。比如说蜡烛，古人在夜晚只能靠它来照明，可是能达到"银烛炜煌"地步的，还是极少数有钱人。普通人家其实是舍不得点蜡烛的，有豆油灯就可以了，虽然光很昏暗，但也只能如此。

弦歌酒宴，接杯举觞

◎ 我是主持人

歌舞弹唱伴随着盛大的宴会，人们高擎酒杯，开怀畅饮。弦歌是"鼓弦而歌"的简称，弦字的古写应该是纟旁，弓字旁的弦是弓弦，于丝竹之声的丝弦乐是完全不同的。

◎ 原文

弦歌酒宴，接杯举觞。矫手顿足，悦豫且康。

◎ 注释

觞：酒杯。

◎ 译文

奏着乐，唱着歌，摆酒开宴；接过酒杯，开怀畅饮。情不自禁地手舞足蹈，真是又快乐又安康。

◎ 直播课堂

古代的酒具分承酒器和饮酒器，尊觥壶是承酒器，杯觞爵则是饮酒的器具。杯是战国以后才有的，最初是木质的，椭圆形两侧有耳，又称耳杯、羽觞。觞是兽角雕刻的，爵则是古代饮酒具的通称，作为专用名称的爵是三条腿的青铜器，下面可以点火，用来温酒、热酒。

嫡后嗣续，祭祀烝尝

◎ **我是主持人**

中国古代非常重视祭祀，因为中国人都崇拜祖先，而且认为祖先的神灵可以保佑自己和后代，所以，对祖先极为恭敬与虔诚。

◎ **原文**

嫡后嗣续，祭祀烝尝。稽颡再拜，悚惧恐惶。

◎ **注释**

嫡：奴隶社会、封建社会中的正妻。

烝尝：《礼记·王制》："天子诸侯宗庙之祭，春曰礿，夏曰禘，秋曰尝，冬曰烝。"《说文》郑注："此盖夏殷之祭名，周则春曰祠，夏曰礿。"此以"烝尝"代指四时祭祀。

稽颡：屈膝下拜，以额触地的一种跪拜礼，表示极度的虔诚和感谢。

◎ **译文**

子孙一代一代传续，四时祭祀不能懈息。跪着磕头，拜了又拜；礼仪要周全恭敬，心情要悲痛虔诚。

◎ **直播课堂**

每个家族都有自己的宗庙，一年四季，甚至很多节日都要去祭祀。当然，这种礼仪有其时代性，现在我们虽不必如此拘泥于形式，但对祖先的尊敬却是理所应当的。

笺牒简要，顾答审详

◎ **我是主持人**

公文的作用就是把一件事情告诉别人，让别人知道。所以，它一定要写得很清楚，又要很简洁。

◎ **原文**

笺牒简要，顾答审详。骸垢想浴，执热愿凉。

◎ **注释**

笺：文书，书信。
骸：身体。

◎ **译文**

给人的书信要简明扼要，回答别人的问题要审慎周详。身上脏了就想洗个澡，捧着热东西就希望有风把它吹凉。

◎ **直播课堂**

公文没有必要写得太多或多么有文采，太有文采了反而让人不容易看出要表达什么内容。然而，回答别人的问题却要尽量详细，不要马马虎虎、模棱两可。

驴骡犊特，骇跃超骧

◎ 我是主持人

　　如果家中的动物忽然"骇跃超骧"，像受到惊吓一般蹦跳不已，那可能是有什么意外情况要发生，主人要引起注意。

◎ 原文

　　驴骡犊特，骇跃超骧。诛斩贼盗，捕获叛亡。

◎ 注释

　　骡：骡子。
　　犊：小牛，泛指牛。
　　骧：马抬起头快跑。
　　诛：杀死，铲除。

◎ 译文

　　家里有了灾祸，连驴子、骡子、大小牲口都会受惊，狂蹦乱跳，东奔西跑。官府诛杀盗贼，捕获叛乱分子和亡命之徒。

◎ 直播课堂

　　动物的某种感觉要比人类敏锐得多，据说，狗的嗅觉是人类的一万倍，它能从无数复杂的气味中辨认出一种特殊的哪怕是极微弱的气味，这就是警犬用于破案的原理。

布射僚丸，嵇琴阮啸

◎ 我是主持人

这里用四句话介绍了古代的八个人，他们的技艺或解人纠纷，或方便百姓、造福社会，成为人们学习和效法的榜样。

◎ 原文

布射僚丸，嵇琴阮啸。恬笔伦纸，钧巧任钓。

◎ 注释

布：吕布。吕布辕门射戟，为刘备、纪灵和解。
僚：宜僚，善于射弹丸。
嵇：嵇康，善弹琴咏诗。
阮：阮籍，能啸。
恬：蒙恬。晋朝崔豹《古今注》说蒙恬开始用兔毫竹管做笔。
伦：蔡伦。《后汉书》记他开始创造性地用树皮、麻头、破布等来造纸，人称"蔡侯纸"。
钧：马钧，三国时人，巧思，曾做指南针和龙骨水车。
任：任公子，善于钓鱼。

◎ 译文

吕布善于射箭，宜僚善玩弹丸，嵇康善于弹琴，阮籍善于撮口长啸。蒙恬制造了毛笔，蔡伦发明了造纸，马钧发明了水车，任公子善于钓鱼。

◎ 直播课堂

　　这几句概括了中华民族一些颇有才能的人，这八人中，前七个都是真实的，只有最后一个是虚构的。但是，这个任公子的塑造却是有深刻寓意的，他象征着那些做大事的人，不斤斤计较于小的成果，而要做出一番惊天动地的大事业。

释纷利俗，竝皆佳妙

◎ 我是主持人

　　美不是单单指外貌的美，一个完美的人，不但要"美"，而且要"淑"。

◎ 原文

　　释纷利俗，并皆佳妙。毛施淑姿，工颦妍笑。

◎ 注释

　　毛施：毛嫱和西施。《庄子·齐物论》："毛嫱、西施，人之所美也。"
　　工：善。
　　颦：皱眉。
　　妍：美丽。

◎ 译文

　　他们或者善于为人解决纠纷，或者善于发明创造，这些都非常巧妙，并且有利于社会。毛嫱、西施，姿容姣美，哪怕皱着眉头，也像是在美美的笑。

◎ **直播课堂**

　　毛嫱和西施都是古代有名的美女，这里形容她们的美貌时用了一个"淑"字，这个字既有美丽的意思，又包含了心灵善良的含义。

年矢每催，曦晖朗曜

◎ **我是主持人**

　　时光流逝是很快的，像箭一样，弹指一挥，很多年就过去了。

◎ **原文**

　　年矢每催，曦晖朗曜。璇玑悬斡，晦魄环照。

◎ **注释**

　　矢：箭。
　　曜：日光，照耀。
　　璇玑：古代称北斗星的第一星至第四星。
　　斡：旋转。
　　晦魄：月亮。

◎ **译文**

　　青春易逝，岁月匆匆催人渐老，只有太阳的光辉永远朗照。高悬的北斗随着四季变换转动，明晦的月光洒遍人间每个角落。

◎ **直播课堂**

　　人在小的时候，总盼着长大，所以总觉得时间过得太慢；长大后才发现，时光流逝真的很快，还没来得及干什么呢，时间已经过去了。所以，我们要在小时候就开始珍惜时间，节约时间，充分利用时间。

束带矜庄，徘徊瞻眺

◎ 我是主持人

柏拉图曾说过："不知道自己的无知，乃是双倍的无知。"这种无知，还不如这里所说的"愚蒙"的人，他们虽然愚蠢蒙昧，却也明白自己的无知，不敢随便去做自以为聪明的事情。

◎ 原文

束带矜庄，徘徊瞻眺。孤陋寡闻，愚蒙等诮。

◎ 注释

矜：自夸，自恃。《礼记·表礼》："不矜而庄。"
诮：讥讽，嘲讽。

◎ 译文

衣带穿着整齐端庄，举止从容，高瞻远瞩。这些道理孤陋寡闻的人就不会明白，他们只能和愚昧无知的人一样空活一世，让人耻笑。

◎ 直播课堂

就学习而言，无知没有关系，可以问老师、问同学，终究会"知"；而不知自己无知的人，却是永远也不会"知"了。

谓语助词，焉哉乎也

◎ 我是主持人

《千字文》的讲解至此圆满了。如果大家听了欢喜，能够由此升起对传统文化的爱慕之心，对古圣先贤产生油然的敬意，本书抛砖引玉的初衷也就算达到了。

◎ 原文

谓语助词，焉哉乎也。

◎ 译文

说到古书中的语气助词，那就是"焉""哉""乎""也"了。

◎ 直播课堂

这是全篇《千字文》的结尾，作者把一些虚词放在这里一起说了，并没有具体的什么意思。其实，这些虚词在古代汉语里是最为常用的字。

下篇 《千字文》深度报道

第一章
奇妙的宇宙世界

宇宙是由空间、时间、物质和能量所构成的统一体，是一切空间和时间的总和。一般理解的宇宙指我们所存在的一个时空连续系统，包括其间的所有物质、能量和事件。

宇宙未生之前

天地玄黄。

如果仅仅从字面上看，这句话的意思就是：天的颜色是黑的，地的颜色是黄的。这不是无病呻吟吗？能作为经典流传几千年吗？那么，这两句话的深层含义在哪里呢？我只能试着解读，大家来随文入观，看看能体会到哪里。

"天地"这两个字在古汉语里有多重意思，包括的概念非常之多，我们熟悉的太空之天与地球之地只是其中之一。要想弄明白天地二字的含义，必须要读《易经》。《易经》是五经之首，讲的就是天地之道和阴阳之变的道理，中国的传统文化，例如"四书""诸子百家"，统统都是从《易经》这个根上发展出来的，学中国文化不读《易经》是本末倒置。

《易经》上说："形而上谓之道，形而下谓之器。"天地宇宙未生之前，是混沌状态的，现代物理学称其为大爆炸以前的那个超密度无限塌缩的粒子，中国文化叫太极。150亿年以前，这个超密度的粒子瞬间发生大爆炸，形成了现在的物质宇宙，其中有形的物质凝集成星体，就是地；无形的空间扩展开来形成了太空，就是天。《易经》说："轻清者上升为天，阴浊者下降为地。"不是既形象又具体吗？但这是物理的天地、物质世界的天地。在《易经》文化中属于形而下的"器世间"，也就是物质世界。形而上是非物质的道的世间，那不是我们现有的智力能够讨论的，所以，孔子说："六合之外存而不论"，"存"是承认它确实存在，"不论"是暂且不讨论。因为我们的智慧不够，一说就吵架，何苦呢！

对智慧高的人讲真话，形而上是天，形而下是地。对智慧不够的人只能说浅话：太空是天，地球是地。同样都是天地两个字，深人有深解，浅人有浅说，各得其所。

玄，在颜色上指的是深蓝近于黑的颜色；在意义上来说，指的是高远、高深莫测。肉眼可见的天的颜色是蓝色的，怎么说是黑色呢？蓝色是水的颜色，是海洋的颜色，日光照到海洋表面，光线反上去，我们看到的天空就是蓝色。但是现在的宇航员到了太空中一看，黑漆漆的一片，只有恒星放射出点点微光，确实是黑色的，所以，从颜色上说天玄是对的。此外，天道高远，像老子说的，形而上的天道的理体，玄之又玄，深不可测，是我们现有的智慧不能理解的。这是形而上的天道高深莫测，所以叫天玄。

地黄也有两重意思。一重含义是说我们中国的文化特别是传统文化，确切地说，指的是先秦以前的文化，即夏商周三代，特别是周代的文化。上古时期，夏商周都在黄河流域立国、建都，中国的传统文化，如果再缩小范围，应该说是黄河流域的文化。黄河是母亲河，从昆仑山（约古宗列盆地）发源，汇集于星宿海，过矶石山，经九曲十八弯，从西北高原流下来，同时带下来黄土形成了冲击性平原。那水的颜色是黄的、土的颜色也是黄的，农作物黍、稷都是黄的，所以说地黄。

另一重含义，宇宙中的天体，包括地球在内，都是大爆炸的产物，在初始状态都是炽热的物质。地球就将其温度凝聚在地核的岩浆之内，并借助太阳不断地补充。有温度才可能有生命现象，在色谱分析上，玄色是冷色，黄色是暖色。地黄也是赞叹温暖的大地有长养和哺育作用，所以中国人又把大地尊称为"母亲"。

天道高远，地道深邃，黄也代表地道的深邃。迷信的人说："人死了以后归于黄泉，过了奈何桥就是黄泉道了。"话虽不可信，其意无非是指那个不为活人所知的另一个深邃的世界。

可见，要弄明白"天地玄黄"四个字，可不是一件容易的事情。

"时空"的观念

宇宙洪荒。

《淮南子》说，上下四方叫作宇。上下四方又叫六合，所以宇是空间的概念。古往今来叫作宙，是历史的承续，是时间的概念。宇宙一个说的是空间，一个说的是时间，代表了现代科学里"时空"的观念。

洪荒是指地球形成以后的早期状态，是50亿年以前（太阳系形成），那时地球的地壳很薄，温度极高。造山运动引发了洪水，洪字的本义就是大水，指地球上的早期洪水。大禹平水患，定九州，这是人类史上出现的改造自然的最早的范例之一。

荒的本义是草木的蒙昧，指代的是远古时期，人类还没有出现以前，离现在至少是500万年，那时的地球还处在混沌蒙昧的状态中。中国很久之前就有盘古开天地的故事，说的是在久远前天地还未分开的时候，有一个人，他像胎儿一样盘缩在像鸡蛋壳一样的天地里睡觉，一睡就是一万八千年。谁也不知道他有多少岁了，所以叫他盘古。他睡醒了以后觉得又黑又闷，就把这个鸡蛋壳一斧子劈成了两半。轻者上升为天，浊者下降为地，为了固定住天地，他每天身高长一丈，过了一万八千年，天地终于被固定住了，盘古也化作了天地的一部分。这虽是个神话故事，但与宇宙大爆炸说有一点神似。

日月星象

日月盈昃。

谈到日月星象就进入了中国传统天文学的领域。中国的天文学不同于西方天文学，有自己独特的一套，是中国传统科技的一部分。日月是最容易观察的，同时也是与地球关系最密切的两个星体。原因是：其一，日月离我们距离近，月亮距地球 38 万公里，太阳距地球平均有 1.5 亿公里；其二，我们在地球上看月亮和太阳表面直径一样大。中国人将日叫作太阳，把月叫作太阴，再加上金、木、水、火、土五个行星，就叫作七曜，或七政。

七曜，就是七颗光明闪耀的星球。日语里从星期一数到星期天，他们还再称为月曜日、火曜日、水曜日、金曜日、日曜日等，指的就是这七星。

盈指的是盈满，这是针对月亮来说的；昃的意思是倾斜，是针对太阳说的。月亮十五是满月叫盈，又叫望，望者日月相望也。每个月的阴历十五，夕阳还没落山，满月已经升起来了，一日一月、一白一黄相对而望，蔚为瑰丽。每个月的初一，没有月光的日子叫朔，每个月的最后一天也没有月光，那叫晦。初三到初七，慢慢有月牙出来了，开始是"C"形，像镰刀一样，叫新月。到了初八，是反着的"D"形，这叫上弦。十五是满月，再到"D"形，是下弦，最后到一线残月，然后就是晦。当月球与太阳处于同一直线的时候，二者的视表面积重合，月体完全遮住了太阳，看不见月光了。

昃指的是日西斜，太阳每天都东升西落，正午的时候位置最高，一过午时就叫昃。中国的天文学讲究黄道、白道和赤道，这是最基本的天体运行的轨道。

黄道一周360度，分成十二个等份，叫作黄道十二次或十二宫。从子到亥，一宫30度，每月走一宫，十二宫走完，太阳转了一个周天。

什么叫白道呢？白道是在地球上观察月亮围绕地球转一圈所形成的轨道，叫白道。地球赤道是在南北极之间，画一条假想的平行线，把地球分成南半球、北半球两部分。天文赤道是地球赤道在天球上的投影，以此为标记，天球上才有对应的分野。

月亮盈亏变化的一个周期，就是中国最早使用的太阴历，太阴指月亮。根据月光的盈亏变化来记载时间的长短，就是太阴历，简称阴历。

布满天空的星辰

辰宿列张。

这一句话，语出《淮南子》。《淮南子》一书是西汉初年淮南王刘安及其门客的共同著作。刘安是汉高祖刘邦的曾孙，汉淮南厉王刘长之子。《淮南子》中有一句："天设日月，列星辰，调阴阳，张四时。"可见《千字文》的作者周兴嗣，对"五经"和"诸子百家"读得烂熟，可以信手拈来。

广义的辰是星体的总称，俗称星辰。狭义的辰是北辰，指的是北斗七星。北斗七星属于现代天文学的大熊星座，可以用来辨方向、定季节。

广义的宿指的是星宿。星和宿有什么区别呢？单颗的称星，一颗以上的一团星、一组星，就叫宿。我们看看天上的星，基本上都是星座、星团，根本数不出有多少个，只能叫一宿，一个星宿。中国天文学最鼎盛的时代是隋唐时期，那时的星域分区把视天球分成三大圈，又叫三垣，即太微垣、紫微垣、天市垣。垣是院墙，就是把星域分成三进的大院套，然后再按东西南北，像切西瓜一样把星域分成四块，每一块选择七组星辰，每组都是恒星。古人认为所谓恒星就是不动的星，像太阳一样，今天是这样,明天是这样,一万年还是这样,永远不变。每一方有七组星宿,四七二十八,加起来是二十八组,就是二十八宿。

西方人不叫星宿,叫星座。星座是一个星群,如有大熊座、仙女座、双鱼座,等等。西方天文学本有 48 个星座,以后近代人又加上 40 个,总共 88 星座,都是根据西方神话传说的人物、动物、器皿等命名的,例如射手座、水瓶座、金牛座,等等,和我们中国的不一样。

按中国古人的说法:东方苍龙、西方白虎、南方朱雀、北方玄武。实际上是把 28 宿连起来以后,看它的形状像这四种动物。比如东方苍龙,一共有七组星,"角亢氐房心尾箕",把它们用线连起来,活像一只回首收翅、奔腾不已的龙。龙宿居东,在季为春,升发温和,我们是东方龙的传人,龙的子孙,永远不要忘记我们中国人的发祥地。

南方朱雀七组星宿,"井鬼柳星张翼轸",好像一只展翅的孔雀。西方白虎,"奎娄胃昴毕觜参",连起来的形状像只张口的老虎。北方玄武,"斗牛女虚危室壁"分成两组,一组像条蛇,另一组像只龟。

古人从小就对星宿非常熟悉,行文写诗,信手拈来。如苏轼的《前赤壁赋》中"少焉,月出于东山之上,徘徊于斗牛之间"。斗牛是北方玄武的两宿,月亮运行到斗牛之间,表示时值中夜了。现代科技发展了,我们对天文反而一窍不通了,中国的孩子参加国际社会组织的夏令营,居然不会在夜晚用星辰辨别方向,外国人很觉奇怪。

地球的变化

寒来暑往,秋收冬藏。

地球绕太阳公转的轨道是椭圆的,一年之中有距太阳最近的近日点(1.4 亿公里),距离最远的远日点(1.52 亿公里),造成四季日照时间的长短不一样;地球的地轴又是歪的,自转起来造成各地区日照强度不均衡，这就产生了寒暑的变化。

天文学中所以引出二十八宿的概念，就是要以黄道内的二十八宿为坐标，研究五大行星再加上日、月、地球，八个天体之间的关系。二十八宿虽然都是恒星，但离我们至少都有40万亿公里（4.3光年），正因为它们光色暗淡，又恒定不动，所以便于作为背景和坐标来观察五星和日、月的运动。

如何确定旱涝发生的地区呢？这就要提到天文学上九州分野的概念了。中国自古以来就有九州的说法。帝喾高辛氏始建九州，舜帝时增至十二州，大禹治水以后又确定为九州，并铸了九鼎，意为永定九州。九州分别是兖、冀、青、徐、扬、荆、豫、梁、雍州。每一州对应着天上星域的一个分区，叫作九州分野。

水星用来定四季，因为水星的公转周期约为88天，接近一个季度的天数，水星在天上转一圈的时间刚好是一个季度。因为它是太阳系的内行星，永远在太阳的左右运行，所以很好观察。

金星是用来确定时间的。金星又叫太白星，黄昏以后在西方看到它时叫长庚星，黎明之前在东方看到它时叫启明星，表示天就要亮了。

天时历法

闰馀成岁。

"闰馀成岁"这句话，语出《尚书·尧典》："以闰月定四时成岁。"

中华文化里面发展最早、最系统的就是天文学。天文学在明朝以前，一直是领先于世界的，是中华民族传统科技的一部分。为什么天文学会如此发达呢？因为我国是以农业立本、以农为主的国家，务农的根本是不误农时。"春生夏长，秋收冬藏"，一定要按天时，不能胡来。我国历代都有司天监，有"天官"，专门观测天文气象的变化，以此作为行政施治的根据，所以把日月五星合称为"七政"。

国家、朝廷（政府）就要负责制定律历，计算出二十四节气的准确时间，来指导人们务农。中国的天文历法，历来是太阴和太阳合参，以太阴记月，太阳记年。我们现在使用的公历是以公元纪年的太阳历，是根据太阳周天360度，运行365天制定的历法，简称阳历。中国很早就有太阳历，在宋朝的《梦溪笔谈》里就有详细论述，但没有正式颁布使用，因为太阳历与月律（月亮的节奏、节律）不符。月球质量轻、自转速度快，绕地轨道是椭圆。月亮盈亏朔晦，一个周期近地点时是30天，远地点时是29天，平均是29天多一点。这样，一年加起来是354天，按照太阳历算是365天，中间差了11天，这就叫闰余。闰的意思是多余，门里王为闰，家里养个王，肥吃肥喝的，不是多余是什么？所以庄子说："帝王者，圣人之余事也。"

一年相差11天，三年加起来就差了33天，多出一个月，这样历法与物候节律就不符了，十七年以后，六月份就要下大雪了。怎么办呢？只能每三年，加多一个月出来，这样加出的这个月叫闰月，加闰月那年就叫闰年。平年是十二个月，闰年就是十三个月。多出的这个月加在哪呢？加在有节没气的那个月。24节气中有12节、12气，平分到每个月是一节、一气。如立春是正月节，雨水是正月气。阴历的月律与年律有日差，转三年以后就有一个月有节没气，因此，设闰就加在这个月。所以，有时候闰八月，有时候闰十二月，不一样。三年一闰只消化了30天，还多三天呢。五年闰两回，天数又不够，后来发现十九年闰七次最合适。

阳历也同样设闰，阳历365天为一个自然年，但一个回归年（岁）是365天又5小时48分46秒，多出的5个多小时，四年就累积到24小时了，多出一天，必须设闰将其消化掉。因此，阳历每四年一闰，将多出的一天放入二月份，这样平年的二月28天，闰年的二月29天。

"闰余成岁"的"岁"与"年"是两个概念。年表示从今年的正月初一到来年正月初一的这一段时间，为自然年。岁表示从今年的某一节气到明年的同一节气的一段时间，为回归年。

岁的本义是岁星，岁星就是木星，木星运行的轨迹叫太岁。用岁星纪年是我国天文历法的另外一种。木星（岁星）12年绕天一周，每年行30

度，为一个岁次。用之记载历史事件时就记为"岁在某某"。太阳历纪年，岁星历记岁，这样年岁相符，就是"闰余成岁"。

律管和吕管

律吕调阳。

闰的问题解决了，历法和四季在理论上总算能对上了，但是历与四季气候、与实际的物候，也就是二十四个节气，是不是能够配在一起呢？这就要用律吕来校正、调整了。什么叫律吕呢？律吕是用来协调阴阳、校定音律的一种设备，现代音乐上叫定音管。

中国古代在音乐上有五音，即：宫、商、角、徵、羽，这是五个全音，再加上两个半音，一个是变徵，一个是变羽，一共七个音。这七音是一个八度的自然音阶，没有音高，也就是没有定调。怎么办？就要用律吕来给它定调，律吕就是定调用的律管和吕管。

黄帝时代的伶伦，用十二根竹管，其中最长的九寸，最短的四寸六分。然后按长短次序将竹管排列好，上面的管口一边齐，下边长短不一，像切大葱一样，留斜茬，然后插到土里面。竹管是空的，里面灌满用苇子膜烧成的灰。这种飞灰最轻，叫葭莩。把这些管埋在西北的阴山，拿布幔子遮蔽起来，外面筑室，绝对吹不到一点风，用它来候地气，因为地下的阴阳二气随时都在变化。

到了冬至的时候，一阳生。阳气一生，第一根九寸长、叫黄钟的管子里面的灰，自己就飞出来了，同时发出一种"嗡"的声音。这种声音就叫黄钟，这个时间就是子，节气就是冬至。用这种声音来定调相当于现代音乐的C调；同时可以定时间，来调物候的变化，所以叫作"律吕调阳"。

十二根管分成六阴、六阳两组。六根单数的属阳，叫六律；六根偶数的属阴，叫六吕。六律的第一个是黄钟，六吕的第一个叫大吕，所以音乐里有黄钟、大吕之说。

　　如果再往下说，律吕之数用三分损益法，就是"先三分减一，后三分加一"。比如：黄钟的管长九寸，其数为九。先进三，就是九的三次方，得数为729，再减一倍，得数是364.5。这就是阴历年加闰以后的天数，用律历对应节气勘定出来的调整数，与太阳历的365只差半天。对务农来讲，半天的误差马马虎虎可以接受。再深入下去讨论就要看《汉书·律历制》，就不是三言五语能说明白的了。

天气变化

　　云腾致雨，露结为霜。

　　我们的地球，白天太阳出来以后吸热，晚上日落以后再散热。地气是热的，它往上散的时候，由于地表温度逐渐降低，水蒸气遇冷变成露水。夜晚气温进一步降低，它就结成霜了，特别是到了白露、霜降节气的时候，完全变为白霜。

　　"露结为霜"这一句话出自《易经》。《易经·坤卦》里有"履霜坚冰至，阴始凝也"的话。履霜，即踩到霜了，你就要想到冻冰的时候快来了。阴始凝也，阴气开始凝结了。这是告诉我们，看到霜，就要想到冰；看到一件事情的因，就要想到它应有的结果，不想要恶果，就不要造恶因。

黄金玉石

金生丽水，玉出昆冈。

在中国的物产中，黄金和玉石都是非常珍贵、非常稀有的天然物产。黄金是百金之首，众金之王，现代科技证明它的抗氧化作用很强，可以长久保存不变色、不变质、不生锈，自古以来都用黄金做流通的货币。

古人认为，黄金可以驱邪避凶，故此多用黄金做佩戴的首饰。中国最有名的沙金产地在丽水，就是今天云南的丽江。当地的土人都在江边筛沙沥金，丽江因为出金沙，所以自古就被称为金沙江。

玉石也是很珍贵的物产，相传玉是山石千百年来受了日精月华而变化的，所以有"观祥云知山有美玉"的说法。好的玉石叫暖玉，拿在手里感觉很温暖，不像普通的石头，冰凉坚硬。古人非常珍视玉，《礼记·玉藻》中说："古之君子必佩玉。"据说玉可以代主受过、保身平安，一旦有什么意外事故发生，身上所佩戴的玉先破碎，所以"君子无故，玉不去身"。

昆冈是西北的昆仑山，在中国的西北边陲，今天的甘肃一带，是中国的第一大山。昆仑山分为三面八支，其中的一面在上古时代的中国境内，也是黄河的发源之地。昆仑山以出产美玉而闻名，是古代中国采玉的主要矿脉，同时它又是传说中神仙所居之地，王母娘娘的洞府据传就在西昆仑之上。

宝剑和珍珠

剑号巨阙，珠称夜光。

这两句赞叹世间的两样珍宝：宝剑和珍珠。

宝剑里面最有名的是巨阙剑。战国时期，越国有一位著名的铸剑大师叫欧冶子，他平生铸了五把有名的宝剑，其中三把是长剑，两把是短剑。第一把长剑就是巨阙剑，第二把剑叫纯钩剑，第三把剑叫湛卢剑；两把短剑就是莫邪剑和鱼肠剑，三长两短五把剑全都锋利无比。历史上有专诸刺王僚的故事，说的是剑客专诸，受吴公子光收买，要刺杀吴王僚。僚王爱吃烤鱼，专诸就假扮厨师，手托鱼盘，鱼肚子里暗藏利刃，趁机刺杀了王僚。那把锋利的短剑就被后人称作鱼肠剑，三长两短则成了意外灾祸的代名词。

珍珠里面最著名的是夜光珠，但也只是传说，没有人亲眼见过。真正的夜光珠据说能将十步左右的暗室照得如同白昼一般，相当于现在的电灯泡。历史上有个大军阀孙殿英盗墓，在慈禧太后的墓里挖出一颗夜光珠。这种夜光珠属于宝石一类的棱面晶体矿物，可以反光但不能发光。古人认为的夜光珠不是矿物质，而是传说中鳞甲类动物多年修炼而成的宝物，是它们的命根子。

中国古代，有一本专门讲神神怪怪故事的书，叫《搜神记》，里面有一个隋侯珠的故事。汉朝有一个在隋地被封为侯的贵族，他代表国家出使他邦。隋侯在路上看到一条受伤的蛇，在沙地里翻滚，马上要死了。他赶快用水把蛇救活，并将蛇带到有水草的地方放生了。一年以后的一个晚上，隋侯做梦见到蛇来报答他，送他一颗夜明珠。梦醒一看，枕边果然有一颗明珠，照得满室通明。

蛇、螃蟹、鱼，等不到成精就都让我们这些人精吃得差不多绝了。现在能看见的只有蛤蚌含藏的珍珠。蛤蚌的珠含有荧光物质，经灯光照射后才有荧光，持续时间很短，不能自动发光。

《淮南子》中有"蛤蟹含珠，与月盛衰"的故事。"蛤蚌育珠"，要在月圆之夜，皓月高悬，海面上风平浪静。这时，蛤蚌的贝壳打开了，对着月亮，开合收放，吸收月华之光，那颗珠，慢慢地越养越大。"犀牛望星"的故事也是一样的。传说犀牛到了月朗星稀的晚上，把它的独角对着北极星，来吸收星精月华。

奇妙的植物

果珍李柰，菜重芥姜。

上面说到了自然的矿产和物产，下面要说植物了。水果里面的珍品是李子和柰子；蔬菜里面最重要的是芥菜和姜。李子和柰子属于同科植物，都能够"和脾胃，补中焦"，不过柰子比李子的品种还要好，价钱也还要贵。柰子比李子个儿大一点，也是紫颜色，样子有点像桃，俗称"桃李"，但不是桃树和李树嫁接的品种。

芥菜和姜都是味辛，能开窍、解毒，都能排除人体的邪气。《神农本草经》中有记载，"芥味辛，除肾邪，利九窍，明耳目""姜味辛，通神明，去臭气"。二者都是蔬菜中解毒调味的珍品，所以说"菜重芥姜"。

飞鸟走兽

海咸河淡，鳞潜羽翔。

我们不说"长鳞的鱼在水里游，长羽毛的鸟在天上飞"。因为"潜"是水下行的意思，长鳞甲在水中潜行的动物种类太多了，且不说龙，海龟、玳瑁一类的鳞甲动物也属于鳞潜，只理解成鱼就太狭隘了。同样，长羽毛能在天上飞的，也不仅仅是鸟。野鸭子、天鹅、白鹤都能飞，有一天我们能长了翅膀像天使一样，我们也属于"羽翔"一类的了。修道的最高境界叫"羽化"，现代生物学叫"返祖"。"羽化登仙"指人修道成仙后能飞升，"羽化"比喻人像鸟一样能飞。飞禽长"羽"，走兽长"毛"。现代有的人长毛，称之为"返祖现象"，与古代所称的"羽化"有所不同。

龙师火帝

龙师是伏羲氏，他是太古时代的三皇之首，他一出场就代表了三皇：伏羲氏、神农氏和黄帝。火帝是发明钻木取火的燧人氏，他是人类文明的奠基人。有了火，人类才告别了黑暗，进入了光明的文明时代，所以，他是中国历史上最早的火帝。

鸟官是中国太古五帝的头一位，少皞氏，代表了少昊、颛顼、帝喾、唐尧、虞舜五帝。人皇是人皇氏，代表了远古史上的三皇：天皇、地皇、人皇。

讲中国古代史，先要明白几个时间段：宋元明清时期属于近古，魏晋南北朝隋唐时期是中古，夏商周秦汉时期是上古，三皇五帝时期是太古，伏羲氏以前就属于远古了。

盘古氏下来就是天地人三皇，这个时期太久远太古老了，没有文字只有传说，所以太古史不可考证。《鉴略妥注》是儿童读的历史课本，里面唱道："乾坤初开张，天地人三皇，天皇十二子，地皇十一郎。人皇九兄弟，万八寿最长。"人皇时代人的寿命最长，有一万八千岁。那时的人是穴居，住地窖、山洞，既潮湿又不安全，经常遭到野兽的袭击，于是在树上搭窝盖屋，吃水果、戴树叶，就进入有巢氏时代。接着学会了钻木取火，进入燧人氏，也就是"火帝"的时代了。

火帝下来是龙师伏羲氏，伏羲也写作"伏牺"，就是制伏野兽的意思，这个时期就是历史学家说的"狩猎阶段"。伏羲氏姓风，号太昊。当时黄河里面出来了一个长着马头、龙身的怪兽，它身上的毛卷卷的，有斑点和花纹，伏羲氏见到以后受到了启发，画出八卦的符号，又根据龙马身上的花纹发明了渔网，人类文明进入了渔猎时代。因为伏羲氏见到了龙马，于是用龙来给百官命名，如有青龙官、赤龙官、黄龙官，等等，因此，把伏羲氏叫作龙师。

人类学会使用火以后，文明阶段就开始了。这个时期的神祇就是神农氏，炎帝身号，他自称是太阳神、火德王，两个火字为炎，所以神农氏也是"火帝"。神农氏选五谷、尝百草，教民稼穑，在位140年。神农氏是农业的始祖、又是医药之王，药王庙供奉的药王就是神农氏。也有供药王孙思邈的，但孙思邈是唐朝的大医药学家，比神农氏晚得太多了。

鸟官人皇

五帝的第一个人是少昊氏，又叫金天氏，他是黄帝的儿子，因为学会了太昊伏羲氏的学问，所以人称少昊氏。那个时候是太平盛世，有凤凰飞来，因此，他手下的文武百官都用鸟来命名。比如有凤鸟官、玄鸟官、青鸟官，等等，所以称他为"鸟官"。

人皇出自西汉末纬书《春秋命历序》，三皇为天皇、地皇、人皇。《补三皇本纪》也有记载，人皇有九个头，乘着云车，驾着六只大鸟，兄弟九人，分掌九州，各立城邑，一共传了150代，合计45600年。人皇长着九个脑袋，肯定是现实中不可能，所以只可能是传说。把三皇定为太古时代的伏羲氏、神农氏、黄帝，这是见之于史的"三皇"。

远古的天地人三皇，就演义为天上的玉皇大帝是天皇爷，掌管人的命运，人要是做事亏良心、不讲天理，天皇就降灾，收性。地府的阎王爷是地皇爷，主管人的命，人要是不孝父母、不讲情理，地皇就会降病，收命。人间的皇帝是皇王爷，掌管人的身，人要是为非作歹、犯上作乱，皇帝就治罪，使之失去人身自由。让世人相信有天地人三皇，无非是让人学好，不要任着性子胡作非为，一旦积重难返，就悔之晚矣。

仓颉造字

始制文字，乃服衣裳。

黄帝姓姬，名轩辕，号有熊氏，在位100年。从黄帝开始中国历史开始记年，从甲子年开始记起，至今有5000余年，所以说中国有五千年的文明史。黄帝手下有六个大臣，各有贡献。创造文字的是仓颉，仓颉造字；制作音乐的是伶伦，伶伦造乐；隶首做算数，大挠造甲子，岐伯做医学，发明衣裳的是胡曹。在此之前的原始文明阶段，人只是拿树叶、兽皮往下身一围就算了。胡曹发明了衣裳，上身穿的叫衣，下身穿的裙子叫裳，裤子是很晚才出现的。这里用仓颉造字、胡曹造衣裳代表黄帝时代完成的包括指南车、历法、舟车在内的传统科技成果和发明创造，称颂了中华民族对人类物质文明的贡献。

五帝

推位让国，有虞陶唐。

"有虞""陶唐"说的是五帝里面的最后两位。有虞是舜帝，姓姚，名重华，号有虞氏，故人们称他为虞舜。陶唐指尧帝，他姓伊祁，号放勋，因为他的封地在陶和唐（今天的山东一带），所以叫他唐尧。

尧是帝喾之子，黄帝的玄孙，由于他德高望重，人民倾心于帝尧。他做事严肃恭谨，光照四方，能团结族人，使邦族之间和睦相处。尧生活简朴，住的是茅草屋，门前是土垫的台阶，吃粗米饭，穿麻布衣，喝野菜汤，得到人民的拥戴。

尧在位七十多年，到年老时，由四岳十二牧推举继承人，大家一致推荐了舜。尧帝把自己两个女儿嫁给了舜，又对他进行了长期的考察，最后才放心地把君位禅让给了舜，终年118岁。

舜是颛顼一脉的子孙，他宽厚待人，孝顺父母，慈爱兄弟，为政仁和。古代二十四孝故事里第一个讲的就是舜。舜帝在位61年，把君位禅让给禹，自己死于巡视的路上，终年110岁。舜的两位夫人娥皇、女瑛闻讯，泪洒君山斑竹，双双投江而亡，化为传说中的湘水之神。

尧帝和舜帝时期，九族和睦，人民和谐相处。在位时克勤克俭地为百姓做事，年老干不动了，就把自己的位子和管辖的国土推让给贤能的人。

推的意思是辞让，推位是把自己的位子委与贤人；让的意思是禅让，禅让是把统治权让给能者。"推位让国"是连位子带权力一齐交出来，毫无保留。后世的帝王但有一线生机就只让位子，不交权力，更有甚者连位子也不让，死了以后再说。所以，历史上能够真正推位让国的只有尧和舜。

汤武革命

吊民伐罪，周发殷汤。

周武王姓姬，名发。他讨伐暴君商纣，建立了周朝，是周朝的第一位君主。他的父亲姬昌是商朝的西伯侯，曾被商纣囚禁七年，并没有立即对商朝采取军事报复行动。姬昌出狱后先是开始累积讨伐的本钱，揽人才，使他的属地周变得民富兵强，为武王伐纣打下了基础。周朝建立以后，姬昌被尊封为周文王。

"殷汤"说的是成汤，成汤姓子，名履，他讨伐夏朝暴君桀，建立了商朝。因为他是商朝的第一个君主，年号成汤，故此又被称作商汤。商汤建都亳（今河南商丘），在位13年。十多代以后的商王盘庚迁都殷（今河南安阳），因此，商朝的后期也称为殷商。这里不称商汤而称殷汤，有指整个商朝600年历史的意思。

"汤武革命"，意为以暴力手段推翻暴君的统治，打的旗号都是"吊民伐罪"。吊的意思是慰问，"吊民"就是安抚、慰问无辜的苦难百姓。伐是讨伐，是下上上、有道对无道的一种暴力行为。讨伐罪恶的统治者，就是"伐罪"。

两句话的完整意思是：安慰无辜的百姓，讨伐有罪的统治者，领头的是周武王发和殷成王汤。

中国文化历来讲究以培养道德来"渐变"，以暴力相加的"突变"必引起一段时间的天下大乱，到时候受害最深的还是老百姓。所以孔子推崇文王的品德，对武王只是承认他划时代的革命作用。

注意这里"吊"一字，吊的本义是悼念死者，引申义是安抚活着的人。这个字的甲骨文形义是弓箭。因为远古人死而不葬，只是放在野地里用柴薪一盖，因怕禽兽来吃，所以送丧的亲友就要带弓箭，也是对死者家属的安慰。

王道治国

坐朝问道，垂拱平章。

这两句是对历史上贤德君主以王道治国莅民的描述和写照。

"坐朝问道"是秦始皇开始的规矩，在此之前称立朝，后写为"莅朝"。君臣上朝都是站着，没座位，更没有椅子。椅子在古代叫"胡凳"，汉朝的古人还是席地而坐，以后带靠背的椅子才从西域传进来。所以立朝，一是君臣之间的关系平等，君主不过是会议的召集人而已，二是古代生活和政事都很简单，站着说几句话就解决问题了。

从秦始皇开始坐朝问道，君臣都是坐着，共商国是。君坐臣立的规矩由宋太祖赵匡胤开始。据传有一天赵匡胤临朝，文武群臣起立致敬，要坐下时才发现椅子被太监撤走了。《千字文》的时代是南北朝时期，君臣上殿临朝之礼还是沿用秦汉之制，所以这里称为"坐朝问道"。

"垂拱平章"的意思是垂依拱手，天下太平。这句话语出《书经·武成书》里的一句话"纯信明义，崇德报功，垂拱而天下治"。垂是垂挂，把上衣挂起来就叫垂衣。拱手是行个拱手礼，表示不做什么事、不用花什么气力就天下太平，无为而治了。

平章是平正彰明。《尚书·尧典》里有"平章百姓"的话。平的意思是公平正直，章通"彰"，有彰明、显著、鲜明的意思。

两句话的意思合起来就是：君主坐朝临政，与群臣共商国是，垂衣拱手，无为而治，天下太平，政绩彰明。

体恤百姓

爱育黎首,臣伏戎羌。

戎羌代表了四方的少数民族,是"南蛮北狄,西戎东夷"的简称。西戎在今天的甘肃、青海、四川一带,以游牧生活为主。周朝中叶,犬戎人入侵中原(犬戎只是西戎的一部分),曾迫使周平王向东迁都洛阳,由此开始了东周的历史。羌族也是西部的少数民族之一,后来与汉族融合,定居务农,属于中国56个民族中的一员。

这两句话的意思合起来就是:他们都能够爱护、体恤百姓,四方的少数民族都心悦诚服地归附。

第二章
人性的标准

我们要为自己定下"要做一个善良的人"这个标准,尽量表现得仁慈而和善,在待人处世方面严格要求自己。

"王道"与"霸道"

遐迩一体，率宾归王。

遐是远，迩是近。天下一统，万民同心就是"遐迩一体"的意思。"率宾"等同于"率滨"，是四海之内的意思。整句话的意思是：普天之下，远近统一，四海的百姓都拥护、归附于王道的统治。

"率宾归王"一句的语义出自《诗经·小雅·北山》，上有"普天之下，莫非王土；率土之滨，莫非王臣"的诗句。这里的"王"字，不是指哪一个具体的帝王，而是特指"王道"。中国传统的政治制度，历来就有"王道"与"霸道"之说。对内严刑峻法，对外穷兵黩武，是为"霸道"；对内以德怀文，对外以礼教化，是为"王道"。王道指的是先王之道，即夏、商、周三朝的统治方法。三朝的统治用的是仁义道德，其结果就是无为而治，天下太平，这种政治体制是王道。历史上描绘这个时期，五日一风，十日一雨，万民乐业，天下太平。但是到了东周时期就不行了，首先登场的是"春秋五霸"：齐桓公、晋文公、宋襄公、秦穆公和楚庄王。他们推崇和实行的是霸道，以实力说话，比拳头。比如当时的齐桓公任用贤相管仲，充分利用齐国的自然资源，晒盐炼铁、渔农贸易一起发展，在很短的时间内实现了富国强兵。齐桓公曾九次主持召开诸侯大会，成为春秋时代的第一位霸主。

历史上的正统观念，一种政治制度或者实行王道，以仁义礼智信来治国，当然最理想，或者实行霸道，靠实力形成威慑力量，令他人不得不服，也无可厚非。最令人所不齿的是靠阴谋诡计，篡权窃国。这些人不但仁义礼智信没有，连真正的实力也没有，有的只是野心，加上苏秦、张仪等人的诡诈之术。庄子对这些"国君"嗤之以鼻，称他们为大盗，所谓"窃钩者盗，窃国者侯"。

王道的恩泽

鸣凤在竹，白驹食场。

凤凰在竹林中欢乐地鸣唱，小白马在草场上悠然地食草。圣君的教化覆盖了大自然的一草一木，王道的恩泽遍及万方的众生百姓。

凤凰、麒麟和龙是历史上记载的珍禽善兽，只有在仁义道德的太平盛世才会出现。历史上的太平盛世时期，不少朝代都出现过，但人们从没有见过这些善兽。后人说它们是传说中的动物，自然界根本就没有。实际上不是没有，而是我们福薄，见不到。史书上记载，孔子诞生之时出现了麒麟，孔子69岁作《春秋》的时候，有人打猎捕获了一只怪兽，因不识是何物，送来给孔子看。孔子看了流泪叹气说："这是麒麟啊！麟啊，你生不逢时啊！"于是停止了《春秋》的写作，所以，五经里面也称《春秋》为《麟经》。

凤凰非竹实不食、非梧桐不栖，有点像大熊猫，要吃竹笋。凤凰中雄性的叫凤，雌性的叫凰，古有三凤求凰的典故。白驹是小白马，古代用白驹为典的很多，庄子也有白驹过隙的典故。为什么用白驹，用黑驹不行吗？白驹在此代表龙。龙是水陆空三栖动物，空中是飞龙，水中是游龙，在陆地上就不是龙的形象。传说中的龙上岸以后，就地一滚变成白龙马。《西游记》里唐僧骑的白龙马不也是东海小龙王变的吗？

"白驹食场"一句也是引经，《诗经·小雅·白驹》原文为"皎皎白驹，食我场苗，执之维之，以永今朝"。

读书养气

化被草木，赖及万方。

"化"字在六书中属于会意字，甲骨文字形是两个人相靠背之形，本义是变化、改变的意思。人都有医学常识，吃多吃少并不重要，要紧的吃了能消化、能吸收，否则，完谷不化，吸收不良，人就不会健康。同理，人读书学习不在多，而在于化。有文有化才是有文化，有文没化，充其量是个文人，而非文化人。古人说"读书养气变化气质"，才是读书的目的，否则读书越多越傲慢，越心浮气躁。

"赖及万方"的赖字，是幸蒙、依赖的意思。万方不仅仅指人，泛指一切众生。例如历史上有商汤"解网更祝"的故事。成汤有一天出游，看见郊外的猎人四面布网，还向天祈祷说："天上地下、四面八方来的禽兽，都投入我的网中。"

成汤见此，感叹人心贪婪、手段残酷。特命解除三面猎网，只留一面，并改祈祷词说："愿向左的往左逃，愿向右的往右逃，愿向上的往上飞，不愿逃的向下跳。只有命该绝的，才入我的网。"所以这里才说"赖及万方"，连禽兽也享受到王道统治的恩泽。

以上是《千字文》的第一部分。从宇宙的诞生、开天辟地讲起，一直讲到上古、太古和远古的历史。

中国传统文化里历来是文史不分家，不懂史就无法理解文，就会歪曲文义，张冠李戴。中华民族从伏羲氏算起，理直气壮地回答拥有一万两千年的历史；从黄帝开始算起是五千年的人文文明史，文字、历法、衣冠、音乐、医学都出现了，所以，黄帝是人文初祖；从周公开始整理，周以前的中华文化至今是三千年有文献可以考证的历史。孔子第二次整理周以前的文化，集中国文化的大成，删《诗》《书》定礼仪，作《春秋》。孔子根据当时能看到的、确切可信的史料，修订了《春秋》。从孔子修订《春秋》至今是两千五百年。

物质的"四大"，精神的"五常"

盖此身发，四大五常。

这两句话，是针对我们人的生命体和生命属性来说的。"身发"在此处，指代我们的肉身。人的生命体是由两部分组成的，一部分是物质的"四大"；一部分是精神的"五常"。

"四大"指的是地、水、火、风，这是印度哲学的概念。古印度人认为，物质世界是由"地水火风"四类物质构成的。我们中国人则认为，世界是由"木火土金水"五种元素构成的。严格说起来，"地水火风"四大并不是指四种物质，构成这个世界肯定不止这四种物质。四大的本义是说，构成这个世界物质的基本形态：固态、液态、气态，这和经典物理学说的一样，物质有气体、固体、液体三种形式。固态用地来代表，液态用水来代表，气态用风来代表。

"五常"是人的性德，人性中含有五常之德，就是仁、义、礼、智、信。五常之德是天德，这是天赋与人的天性。这里的天，指的是宇宙中那股冥冥中无法抗拒的力量，这种支配力量被称为天力。常是恒常、永远存在、不能改变的意思。

整个第二部分，紧紧围绕着五常之德展开。如果真正理解了五常之德，中国文化的核心就抓住了，所以说《千字文》用字不多，却勾勒出一部完整的中国文化史纲要。

身体发肤，受之父母

恭惟鞠养，岂敢毁伤。

这句话出自孔子的《孝经》。《孝经》是儒门十三经之一，历来读书的规矩是先读《孝经》，然后才有资格读《四书》。《孝经》是曾子问孝，孔子回答，再由曾子及其门人整理而成，共有十八章，解释了一个"孝"字。

孔子在《孝经》中开篇就说："身体发肤，受之父母，不敢毁伤。"我们这个身体是受父母遗传而来的，是我们的神识借以居住的房舍，等于是上天和父母借给我们用的，使用完毕以后还要归还的。所以，我们对自己这个身体，只有使用权没有所有权，如果能够所有，谁还愿意生老病死呢？向别人借来用的东西，一定要妥善保管，弄坏了就没有办法还了，所以这里才说"恭惟鞠养，岂敢毁伤"。

"恭"是恭敬、谦逊，"惟"是惟谨、顺服的意思。现代汉语中恭惟连用（也作恭维），是个贬义词，有曲意奉承、讨好对方的意思，这与古汉语截然不同。"鞠"和"养"的意思一样，都是抚育、长养的意思，例如《诗经·小雅·蓼莪篇》中说："父兮生我，母兮鞠我，抚我畜我，长我育我。"这话的意思就是：人的身体发肤，是由地、水、火、风四大物质构成的；人的思维意识，是以仁、义、礼、智、信五常为准则的。只有谨慎小心地爱护它，怎么能轻易地毁伤呢？

德才兼备

女慕贞洁，男效才良。

男女毕竟还是有所不同，表现在本质上的差异就是"女慕贞洁，男效才良"。对女子之德的要求是"贞洁"，女子要羡慕、爱慕的是贞与洁，自古女孩子起名字叫贞、洁的很多。

本书开篇就强调，读者要学习和继承的是中国的传统文化，准确一点说，是先秦的文化。先秦诸子的学说，无论孔孟，还是老庄都是精纯质朴，绵软甘醇。秦汉以后的各家都自由发挥，掺糠使水，早已不是诸子的本来面目。特别是唐宋以后，对妇德女道更是歪曲得可以，只贞烈牌坊一项就不知害苦了多少女子。砸锅的是孔家店的伙计，但坏账算到了老板头上，孔孟真是冤得很。

"贞"字的本义是正，甲骨文形从卜从贝，是最古老的占卜用语。上古卜卦，问事之正不正，就曰问贞。后世假借为端方、正直的意思，形容一个人的意志操守坚定不移。《易经》中称"元亨利贞"，为乾之四德。

"洁"是干净、没有污染的意思。"女慕贞洁"是说女子应该追求的是保持自己内心方正的品性和外在洁净的品行。

贞既为正，那么只有止于一才能"正"。谁止于一？心念止于一。能止于一就是正，能守正，就是有贞。不是老公死了不再嫁人就守贞了，心里乱七八糟，一点贞也没有。同样，对男子的要求也有两条，才是良。"才"指人有能力、有才智，有才的人是才子。"良"是指一个人有德，有良心、有德行才叫良。男子应效法德才兼备的贤人，所以男子起名字叫才、良的很多。

历来的规律就是有才的无德，有德的无才；既有能力又有品德，德才兼备的人太少了。如果二者不可兼得的话，宁愿有德无才，这样不但自己一生平安，还可以遗德给子孙，保子孙显荣。自己吃点苦，但能保证子孙后代超过我们，这有什么不好呢？相反，如果我们这一生只求才不积德，一定会恃才傲物、目空四海，结果是天怒人怨，这样的例子太多了。

莫以善小而不为，莫以恶小而为之

知过必改，得能莫忘。

这两句话的字面意思很好理解，知道了自己的过错就一定要改正，自己有能力做到的就一定不要放弃。"得"与"德"二字通假，"得能莫忘"有两重含义，一是从他人之处有所得、有所能，也就是别人教会我们的东西，使得我们有所得、有所能，我们不能忘，这也是知恩必报的意思；二是我们自己于修心、修身上有所得、有所能，莫忘。这也是刘备白帝城托孤，教育儿子阿斗说的话："莫以善小而不为，莫以恶小而为之。"别人的德能不能忘记，自己的德能也不能够忘记。

"知过必改"这一句话也是语出《论语》。孔子在《论语·述而》中说："德之不修，学之不讲，闻义不能徙，不善不能改，是吾忧也。"孔子说，一个国家、一个社会在动荡的时候，有四件事是最让人担忧的。第一是人不讲品德的修养，也就是不积德；第二是人人浮躁，不肯老老实实地做学问；第三是明明知道应该做的事却不肯去做；第四就是自己的毛病、缺点总也改正不了，这是孔子每天都在担忧的。圣人的一生都活得很累，悲天悯人，我们今天只有"知过必改"，才能对得起圣贤的教诲。

满招损，谦受益

罔谈彼短，靡恃己长。

"罔"和"靡"的词性相近，都是表示禁止、劝阻的否定性动词，相当于别、不要的意思。"靡"字的本义是无、没有。这两句话强调了两个不要：第一，不要谈论别人的缺点和短处，当你手指别人的时候，只有一根指头指别人，三根指头却指向自己，到头来受伤害最重的正是自己不是别人；第二，不要依仗自己的长处而不思进取。圣人造字早就告诉我们，自大再加一点，就是"臭"，臭不可闻。《易经》里八八六十四卦，只有一卦六爻皆吉无凶，那就是"满招损，谦受益"的谦卦。

陈抟老祖在《心相篇》里也说："好矜己善，弗再望乎功名；乐摘人非，最足伤乎性命。"喜欢称赞自己长处的人功名很难有所成就，这对科考时代的读书人是大忌，因为"满招损"是天理。喜欢谈论别人缺点的人，一生中的障碍很多，自己的身心性命也很容易受伤害，因为自己削了自己的福报。

宰相肚里能撑船

信使可覆，器欲难量。

"信使可覆"出自《论语·学而》。"有子曰：信近于义，言可覆也。"孔子的学生有子说，信与义是一样的，都是说一个人立定的志向、发过的

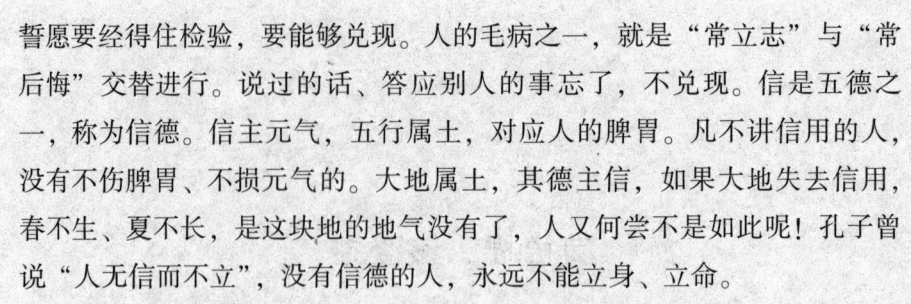

誓愿要经得住检验，要能够兑现。人的毛病之一，就是"常立志"与"常后悔"交替进行。说过的话、答应别人的事忘了，不兑现。信是五德之一，称为信德。信主元气，五行属土，对应人的脾胃。凡不讲信用的人，没有不伤脾胃、不损元气的。大地属土，其德主信，如果大地失去信用，春不生、夏不长，是这块地的地气没有了，人又何尝不是如此呢！孔子曾说"人无信而不立"，没有信德的人，永远不能立身、立命。

"器欲难量"是说一个人做人处事，心胸器量要大，大到让人难以估量才好。俗语说"侯王颔下能跑马，宰相肚里能撑船"。心小量窄的结果，必然是嫉贤妒能，这样的人不但薄福，而且下场很不好。唐朝著名的两大奸臣"口蜜腹剑李林甫""笑里藏刀李义府"不就是很好的例证吗？一个人能否担当重任、成其大事，首先要看其心量。心大意大，天地给你的舞台就大，你就能"心包太虚，量周沙界"。心小量窄，你自己的路就越走越窄，最后孤家寡人、形影相吊。

人的本性

墨悲丝染，诗赞羔羊。

这两句话属于用典，典故出自《墨子》与《诗经》。"墨"指的是墨子，《墨子》一书中有个"墨悲丝染"的故事。话说墨子有一次路过染坊，看到雪白的生丝在各色染缸里被染了颜色。任凭你怎样漂洗，也无法再将染色丝恢复生丝的本色了。墨子悲泣地说："染于苍则苍，染于黄则黄，不可不慎也。"这个故事暗喻了人的本性像生丝一样洁白，一旦受到污染被染了色，再想恢复本性的质朴纯洁，已经不可能了。

这两句话连起来的意思就是：墨子为白丝染色不褪而悲泣，《诗经》因有《羔羊》一篇而被传颂四海。

做人的标准

景行维贤,克念作圣。

这两句话属于引经,经文出自《诗经》与《尚书》。《诗经·小雅·车辖》一篇中有诗句"高山仰止,景行行止"。说的是贤德之人,德如高山人人敬仰,行如大道人人向往。"景行"是指崇高光明的德行,景字的本义是日照高山,有高大、光明的意思。德行正大光明才能成为贤人,贤人是人群的榜样,做人的标准。战胜自己为贤,再能成就他人方为圣。

《尚书》里面有"惟狂克念作圣,惟圣妄念成狂"一句话。庄子用"野马"来形容人狂奔不已的念头和思想,这里的"狂"字就代表了我们凡夫俗子。人如果能够克制住自己狂乱的思想和私心杂念,凡夫就能变成圣人。同理,放纵自己的心念,圣人也会退化为凡夫。

"德"与"名"

德建名立,形端表正。

这两句话着重讨论了德与名、形与表的两种关系。"德"与"名"是一对,名是名利的简称。人没有一个不追求名利的,说不想那是因为没有条件与机会。人求名利、求好的果报就应该种好的因,种瓜得瓜种豆得豆。"德"是因"名"是果,德建才能名立,因好果必好,这是自然的道理。如果我们反过来,倒果为因,只求名利不管德行,那是缘木求鱼。

"缺德"哪里能求到"善果"呢？古人说"德是摇钱树，信是聚宝盆"。有了德才能童叟无欺，有了信才能货真价实，这样做贸易不想发财都不可能。这就是孔子在《易经·系辞》中说的："善不积不足以成名，恶不积不足以灭身。"

由此再进一步要明白道与德的关系。德者得也，老子《道德经》五千言，前面三千字为道经，后面二千字为德经。道为理体，譬如我们出门之前要看地图，定好方位，然后开车出发，这就是德，不去永远没有德。明道不行道，永远不会有德。道与德很难兼得，有道的人不一定有德，有德的人不一定有道，只有得道的人才是道德兼备。否则就是"有道无德，必定招魔；有德无道，一座空庙"。不积功累德，一味地盲修瞎炼，一定会走火入魔，因为修行没有资粮。外表道貌岸然，实质浮躁虚饰的人，内里一定是空的，因为他根本没有明白道。

"形"与"表"又是一对，这里的"形"指的是人的整体形态，身心两部分都包括在内。心正才能身正，身正了仪表容貌自然端正。人的形体健美、容貌娇好的根本在于心地，整容化妆是没有用的，起码不能长久。所以，善良之心能将人变丑为美，歹毒之心会使人面目狰狞。

为什么"形端"就能"表正"呢？这就谈到诸子百家里的《管子》。《管子》是中国历史上，也是世界历史上谈管理学的第一书。现代管理学上自以为是新发现的东西，其实都可以在《管子》中找到雏形。管子是齐桓公的宰相，他通过发展经济，帮助齐桓公富国强兵，使齐国一跃成为春秋诸国之首。《管子·心术》中说："形不正者德不来，中不精者心不治。正形饰德，万物必得。"管子认为，人的身为馆舍德如贵宾，馆舍不打扫干净就不可能留贵宾常驻。为了留住"德"这个贵宾，我们的身体，这个馆舍就一定要端正。形体端正了，内心的德建立起来了，仪容仪表自然而然就端正了。

善恶祸福

祸因恶积，福缘善庆。

这两句话出自《易经》。《易经·坤卦·文言》中说："积善之家必有余庆，积不善之家必有余殃。""庆"是吉祥、喜庆的意思。"有余庆"是福泽绵长，这是积善的回报；"有余殃"是灾祸不断，这是积恶的果报。这两句话重点讨论了善与恶、福与祸的因果关系。善恶是因，福祸是果，因果次序一定要分别清楚，千万不能倒置。

祸与福是一体两面，相对共存的关系。不想要祸就别让福发展到极点，所以老子说过"祸兮福之所倚，福兮祸之所伏"的话。人为什么会有祸？因为积恶，是小恶的不断积累。为什么会有福？因为积善。所以"福将至，观其善必先知之；祸将至，观其恶必先知之"。善恶的积累过程就是事物的量变阶段，这个阶段还可以自己控制。一旦到了祸福临头的质变阶段，就非人力所能控制了。山顶上的石头连小孩子都能撬动，一旦石头滚下山来，巨汉也挡拦不住。

一个人造的善恶之因很小，但变成果报的时候会放大不知多少倍。明白了这个道理，我们就再也不敢起恶念、做坏事了。相反，举手之劳的小善要多做，因为将来的福报会成倍数地扩大，好像高利率的储蓄存款一样，我们又何乐而不为呢？

一寸光阴一寸金

尺璧非宝，寸阴是竞。

这两句话，语出《淮南子》。《淮南子》上说"圣人不贵尺之璧，而重寸之阴"。璧的本义是平而圆、中心有孔的玉环，后世将上等的美玉称为璧。直径一尺长的璧是非常宝贵的，古有"和氏之璧，价值连城"的故事。但是这里却说"尺璧非宝"，这是与光阴比较而言的。与光阴（时间）相比，一尺长的美玉也不是宝贝，但是片刻时光却值得珍惜。

古人为什么将时间叫作"寸阴"呢？时间可以用尺子计量吗？古代的计时工具中有一种叫日晷，是石头制作的、带有刻度的盘子，盘面上有一根垂直的铁针。日晷盘面上的刻度非常复杂，分为好几层。因为地球绕太阳公转的轨道是椭圆的，地球自转的地轴又是歪的，所以四季的日照高度不同，落在日晷上的阴影也长短不一。当夕阳落山的时候，阳光在日晷上的阴影只有一寸长。夕阳落山是瞬间的，一下就落了，如不抓紧时间寸阴就没有了。所以才有"一寸光阴一寸金"的成语。"竞"字的甲骨文字形是两个人在竞逐、奔走，竞字的本义是争竞、角逐和比赛的意思。

这两句话的白话文意思是：一尺长的美玉不能算是真正的宝贝，而即使是片刻时光也值得珍惜。

五伦关系

资父事君，曰严与敬。

从这几句开始讨论五伦关系。五伦就是父子、夫妻、兄弟、朋友、君臣，五种人与人之间的伦常关系，前面三种是家庭关系，后面两种是社会关系，这是人与人之间不能脱离的基本关系。

人性之中要有仁义礼智信五常之德，人心之中要明五伦之道。五常是天道，五伦是人道；在天言五德，在人间就表现为五种伦常关系。例如，父子之间讲仁，仁德是父子之道。夫妻之间讲智，智慧是夫妻之道。朋友之间讲信，诚信是友道。君臣之间讲义，义者宜也。知道什么事该做、什么事不该做，这是智慧。能将事情做得恰到好处、适度适宜就是义，就是君臣之道。兄弟之间要讲礼，礼是社会秩序的总称，知道长先幼后，知道孔融让梨的道理，社会秩序才能有条不紊。人的天性对应的是人类社会的伦常秩序，现代人不明五伦之道，颠倒伦常关系，社会怎么能不乱呢！

五伦之首是父子之道，原则是父慈子孝。父道叫慈道，严就是慈，爱即是害。传统家教中父母教子严格得很，父亲偏重于一个严字，母亲偏重于一个慈字，所以，古人称自己的父亲为"家严"，称自己的母亲为"家慈"。父母下面对应的子道就是孝道。中国文化的核心就是一个"孝"字，千经万论都是这个字的发挥，都是对这个字的解释而已。懂了孝这个字就算"明道"，遵照孝之理去做就是"行道"，就是修行，所以说"百善孝为先"。

将孝道的仁爱之心向外面一层一层地展开，就是兄弟之道、夫妻之道、朋友之道和君臣之道。懂了孝，其他四道就自然全都懂了，不明白孝道，其他四道也不可能明白。这就是为什么古人说"忠臣必出于孝子"的道理。

"资父事君"的意思是资养父母、侍奉君王，原则要求是两个字"严"与"敬"。严是一丝不苟，敬是诚谨恭敬，恭在外表，敬在内心。孔子在《孝经》里面说："资于事父以事母而爱同，资于事父以事君而敬同。"强调了奉养父母、侍奉君王是一样的，都要一丝不苟，虔诚恭敬。汉语里自古孝顺二字合用，孝指内心的诚敬，顺指言行上不拗父母之意。这也是《弟子规》中要求的"父母教，须敬听；父母责，须顺承"。

内无诚敬之义，言行再顺，"孝"也是一个空壳。孟子形容这种孝身不孝心的孝，与养肥猪没有什么区别。一个人爱父母这很好，但如果内心不敬，这种爱就不会保持长久。孔子也说，爱父母如果是空心的爱，那与养宠物（犬马）没有什么不同。你对你的宠物也很疼爱、很关心，但有诚敬之心吗？显然没有。

孝廉

孝当竭力，忠则尽命。

这两句话是由《论语》中的"事父母能竭其力"与"臣事君以忠"两句话变化而来的，强调孝敬父亲应当竭尽全力，尽所能去做，能做到多少就做到多少。忠于君主要不能超越本位，一心一意，兢兢业业。君不是仅仅指帝王，你的领导、你的主管就是你的君。忠的意思是全心全意、恪尽职守。忠的象形就是方正不偏的一心，忠诚无私，尽心竭力地把本分内的事情做好就叫尽忠。

有人将"忠则尽命"，解释为"忠于君主要能不惜生命"。但是，孔子、孟子都反对这种没有理性的愚忠，把命搭上要看值不值，是不是"仁""义"之所在。帝王要胡来，忠臣当然要谏劝，这是做臣子的本分，但要建立在信任的基础上。臣子进谏一定要有智慧，要适时适度，还要"怡色柔声"。君主不纳谏就要适可而止，为做"忠臣"把命搭上就没有必要了。历史上最著名的谏臣是唐朝的魏徵。他曾对唐太宗说:"我要做良臣,绝对不做忠臣。"唐太宗很好奇地问为什么。魏徵回答说:"忠臣没有好下场,不是被砍头就是被挖心,所以我绝不做忠臣。"唐太宗听了哈哈大笑,但也明白了魏徵的用意,那就是明君一定肯接纳贤臣的谏言。

忠于君主要不超越本位,一心一意把事情做好。孔子说过"命者名也"的话,命就是一个人的名分、一个人的本分。人无论做人做事,都要素位而行,不超越自己的本分,才有功德。越位行事,劳而无功,所以孔子才说"不在其位,不谋其政"。不是自己本分内的事,不要过多地干预,知道多了烦恼多,不是自寻烦恼吗?做人首先要明理,要有智慧,没有理性的愚忠、愚孝是不可取的。

中国老式住宅大门上的对子都是这样两句话:忠孝传家久,诗书继世长。孝子出来做事一定是忠臣,不孝父母的人会懂得爱国家、爱君主、爱百姓?那是不可能的。中国在隋朝以前没有科举制度,国家挑选人才首先要从各地举荐的孝子中选拔,叫作"举孝廉"。历史上的曹操就是"孝廉"出身,曹操是一位伟大的政治家、军事家和文学家,白脸奸臣的形象是小说家塑造的,不是历史事实。

多看多听少说

临深履薄,夙兴温凊。

"临深履薄"四个字,出自《诗经·小雅·小旻》一篇。其诗曰:"战战兢兢,如临深渊,如履薄冰。"面对着悬崖深渊,腿肚子转筋;走在薄薄的冰面上,咔咔声不断,心惊肉跳。古人做人处事、言行举止非常谨慎,因为古人懂得病从口入,祸从口出的道理。一句话一旦说出来,再想收回去就不可能了。人之所以长了两只眼睛、两只耳朵、一张嘴就是让人多看多听少说。行为上也是一样,一定要谨慎又谨慎。

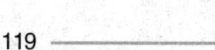

事君谨慎的另一个原因是，除了开国立基的前几代帝王，后代继承皇位的皇帝往往都有心理障碍，因为这些皇帝，文不及文臣，武不及武将，反而要指挥这些文武百官，处理连他们都解决不了的问题，自认为受到戏耍所以喜怒无常。做臣子的稍有不慎，就有杀身之祸，弄不好还要祸及九族，能不战战兢兢吗？

"夙兴温凊"是"夙兴夜寐"与"冬温夏凊"两句话的缩略语。"夙兴"是早早起床，"夜寐"是晚点儿就寝，这句话出自《诗经·大雅·抑》，诗曰："夙兴夜寐，洒扫庭内，维民之章。"古代夙兴夜寐的标准是，做儿女的要先于父母而起，迟于父母而睡。早晨父母还没有起床，做儿女的就要先起来；晚上父母睡下了，做儿女的才能睡。早晚两次要给父母问安，也就是《弟子规》中说的"晨则省，昏则定"。有点医学常识的人都知道，早晚两个时段是人体基础代谢和激素分泌水平变化的峰值时期，老年人最容易发病、犯病，所以，子女要于早晚两次问父母安，看看健康状况。现代社会是乾坤颠倒，父母给子女问安，父母早早起来，打扫房间、准备好早餐，然后子女才姗姗而起。真心疼儿女的老人，就早点睡晚点起，因为你不睡儿女就不能睡，你三点钟就起来折腾，你儿子得几点钟起床呢？

"温凊"是冬天注意防寒保暖，夏天注意防暑降温，也就是《弟子规》中"冬则温，夏则凊"的意思。《二十四孝》里就有"黄香扇枕温衾"故事，黄香九岁就能够在暑天为父亲扇枕头，冬天用身体给父亲暖被子。现在有冷气机，用不着扇了，但我们对父母的孝心与亲情应该与古人是一般无二的。

疾风知劲草

似兰斯馨，如松之盛。

一个人应该让自己的德行、自己的修养像兰草那样的芳香，像青松那样的茂盛。"兰"在这里指的是兰草，不是兰花。兰草的学名叫泽兰，多年生菊科草本植物，可以入药，开紫红色花，其茎、叶、花都能散发微香，古代用于熏香。《易经·系辞》里就有"其臭如兰"的形容。"馨"是散布很远的香气，多比喻人的德化远播、声誉流芳百世。

松柏属不落叶乔木树种，其生长不择土质，可活千年以上，有很强的生命力。古人认为，松与君子一样，具有常青不老，四时不易其叶的品质。松为人君，传说梦见松树的人将为公，所以公木为松。柏树则被认为是阴木，可以寄托哀思，西方属金色白，故白木为柏。中国文化中的陵墓旁一定要植柏，墓柏是陵寝的一部分，盗伐墓柏的与挖坟掘墓者同罪。记述汉代风俗的《三辅旧事》中记载："凡有盗伐陵柏者，皆杀之弃市。"

一个人的德行可以感染人，像香草那样香气远播。同时真正的德行能够耐霜雪，经得住恶劣环境的考验。荀子说过"岁不寒无以知松柏，事不难无以知君子"。谚语中也有"疾风知劲草"的话，说的是在中国西北有一种草，寒风一起百草倒伏，只有它高高地迎风立于山岗之上，这就是中药里面专治风湿病的独活。我们每一个人都应该用这两句话自勉，自立利他、成己成人。

孝道

川流不息,渊澄取映。

"川"是象形字。其甲骨文字形,左右是岸中间是流水,川字的本义就是河流。人的德行可以经父一代传至子一代,以至子孙万代,遗传的通道就是孝道。子孙尽孝就可以享受祖先积累的福德,后人不孝这个通路就断掉了。北宋著名的政治家、军事家、文学家范仲淹,他以儒生统帅军队,保家卫国、官高位显,家中却一贫如洗。但他积累的深福厚德,荫蔽子孙何止百代。他死于公元1052年,直至现代范家一门仍然是人才辈出,这不能不说是范仲淹的德行川流不息。

"渊"是水停之处,深水潭叫作渊。潭水澄净,可以像镜子一样照见自己的容貌、仪表。祖先建立的德行像潭水一般洁净无染、清澈照人,后人应该以此为鉴,在此基础上再建立起子孙后代自己的德行,这样一代一代传续下去,才叫作"川流不息"。

我们现代人应该讲孝,应该相信孝道。孔子在《论语》中说:"父母之年,不可不知也。"我们应该记住自己父母的生日。这样祖先之德的"川流"才能不息。地球上的江河才能不干涸。我们才能有定力而不浮躁。

第三章
仁德的境界

荀子曾说过：生是人的开始，死是人的结束。开始和结束都能完美，人的一生就完美了。但是，能够笃初慎终，善始善终的人毕竟太少了。"仁"作为最高的道德原则、道德标准和道德境界。只有心里时时记住"仁"，才能笃初诚美，慎终宜令。

容止若思，言辞安定

容止若思，言辞安定。

这两句话出自《礼记·曲礼》。《礼记》上有"毋不敬，俨若思，安定辞"的语句。"俨"是恭敬、庄重。容貌恭敬庄严，举止沉静安详就是"容止若思"。"容"指人的容貌仪表，"若思"是若有所思，人的仪容举止要安详，要从容不迫，不能毛毛躁躁。

"言辞安定"是说言语对答要安定沉稳，要有定力。古人教导我们，君子应该是"修己以敬，安之以人"。内心敬才能重，重了才能定。内有定，外表的仪容举止才有安。"容止若思，言辞安定"的根本在于"敬"，所以，"毋不敬"的后面才是"俨若思，安定辞"。

中国是礼仪之邦，自古讲究一个"礼"字，现代社会的法律法规、典章制度统属礼的范围。中国文化中，礼的核心就是一个"敬"字，有敬方有礼，有心才为爱。没有诚敬之心，礼再多也是形式，不但一点作用没有，人反而因此变得越来越虚伪。因此《礼记·经解篇》中才说"礼之失，烦"。前清的旗人见面问安，全家人都要问个遍，搞得繁文缛节就有失根本了。

"礼"既然是协调社会秩序的总则，使人恭俭庄敬，其中心就不能离开诚敬二字，所以，孔子在《论语》里说："经礼三百，曲礼三千，一言以蔽之，无不敬。"

这两句话的白话译文就是：仪态举止要庄重，看上去若有所思，沉静安详；言语措辞要稳重，显得从容安定。

一辈子只干一件事

笃初诚美，慎终宜令。

马跑得很慢叫作"笃"，引申义是厚实、硕大，如有笃爱（厚爱）和笃交（深交）的用词。"初"是指一件事的开端。任何事情，无论修身还是求学，有好的开端固然很好，但能够始终如一，坚持到底就更属难能可贵。

"慎终"是"慎终如始"的简称，"令"也是美、善的意思，例有成语"巧言令色"是指说好话、装笑脸。人做事虎头蛇尾的多，开端很好决心很大，但没有三天热乎气就凉下来了。老子也说，人往往是功亏一篑，常于"事几成而败之"。无论是做学问还是修道，一个人如果下定决心，一辈子只干一件事，哪里有不成功的道理呢？

孟子曾举孝道的例子说，人在年幼的时候知道爱恋父母，长大以后就去爱慕漂亮姑娘，结了婚开始迷恋妻女，做了官又去讨好君王。谁人能够善始善终呢？只有真正的孝子，才能够笃初慎终，终生怀念父母。

注意这两句话的修辞特点，笃初对诚美，慎终对宜令。诚、宜均为肯定副词，诚有确实、的确的意思；宜有当然、应当的意思。

善行成善业，恶行成恶果

荣业所基，籍甚无竟。

为什么要"慎终宜令"？理由就是这里的两句话。

"荣业"是荣誉与功业的简称。"籍甚"的意思是凭借于此而更加强大，《汉书·陆贾传》文中有"名声籍甚"的话。为什么要慎终如始，为什么要小心谨慎地做人？因为这是一个人一生荣誉与事业的基础，有了这个根基，荣业的发展才能没有止境。但是这个荣业的基础在哪里？"所基"的又是什么呢？就是前面所谈的"德业"与"德行"。"德建名立"才是人生追求的荣誉、事业的基础，如果能够将其发扬光大下去，子孙万代的荣业都将是永无止境的。

"竟"字在六书中属于会意字，从音、从人。"竟"字的本义是一曲音乐演奏完毕，引申义为结束、完毕。"无竟"就是没完没了，永无止境。

这里要注意"业"字的意义，佛教中"业"字用得很多，例如：善业、恶业、业障、业报，等等。但什么叫作"业"？如何才是造业，一定要辨别清楚。当一件事情在进行之中的时候叫"作"，事情结束以后的结果叫"业"。只要做事就一定会有结果，"没有结果"也是结果的一种，所以，善行造成善业，恶行就形成恶果，不善不恶的行为就形成"无计"的业果。工业、农业等各种行业无不如此，以至于小孩子刚上学也开始学着做"作业"了。

学而优则仕

学优登仕，摄职从政。

"学优登仕"是引用《论语·子张篇》里"学而优则仕"一句话，但这仅仅是子夏说的半句话。完整的句子应该是"子夏曰：仕而优则学，学而优则仕"。我们与他人讨论问题，一定要允许别人把话说完，只听了半句话就大放厥词，批评孔子宣扬"读书做官论"，不是无知又是什么呢？后世对此句话的理解几乎都是"学习成绩优秀的人做官"。但是书读得好的人，十之八九是书呆子，这样的人怎么能做官呢？子夏是孔子的学生，所谓的"七十二贤"之一，不会连这么浅显的道理也不明白。那么，子夏为什么说"学而优则仕"呢？

中国上古时期，选拔人才的方法是取士，被挑选出来的士，由国家出钱进行再培训，学礼法、政策、法规等政事。培训完成以后再挑选优秀的士子出来为人群服务。也就是放出去做管理工作。哪里是学习成绩优秀就可以做官如此简单呢？做官政绩好的人，又被选拔出来再培训、再提升，就是"仕而优则学"。

在科举制度盛行的封建社会，即使是状元、榜眼也不过是进翰林院任职而已，至于做官行政，则要先从最基层的知县开始做起，一点点积累经验。就是这七品芝麻官也要经过候选、后补多道手续才能捞着，终身不得做官的人多得很。

"摄职"是先给一个代理官职，摄是辅助、佐助的意思。从政是参与政事的讨论与处理。这里的意思很明确，即使是学优登仕的优秀人才，也还是要从见习、代理等职位开始做起。谁敢把天下的治权交给一个没有经验的毛头小子呢？

周召伯治国

存以甘棠,去而益咏。

一旦"摄职从政"以后,就要像周召伯那样,人虽然死去了,但百姓永远怀念他。"甘棠"就是现在的棠梨树,也叫杜梨树,这个典故出自《诗经·召南·甘棠》篇。

周召伯,姓姬,名奭,是周文王之子,周武王同父异母的兄弟,曾帮助武王伐纣。武王建立周朝以后没有几年就病故了,儿子成王继位。当时成王才十四岁无法主理国事,就由他的叔叔周公旦协助理政。召伯虽非文王嫡出,但还是与周公一起共同辅佐成王理政。召伯巡视南方的时候,曾在一棵高大的甘棠树下休息、理政,后人因为怀念召伯,一直不忍心伐掉这棵甘棠树。

《诗经》中唱道:"蔽芾甘棠,勿翦勿伐,召伯所茇。"意思是,甘棠树啊高又大,不能砍啊不能伐,因为召公曾休息在这棵大树下。后世就用"甘棠"一词,指代为官者的政绩与遗爱。

自古以来,这棵甘棠树到底在哪里一直不确定。最近有资料证实,在湖南省永州市江永县有个"上甘棠村",村人多姓周,据传是宋儒周敦颐的后裔。据上甘棠村明代的族谱,《永明周氏族谱》所载:"吾甘棠,召公驻节过化之乡",证明了召伯是在巡视湖南的时候,在此甘棠树下休息。"去而益咏"的意思是说,周召伯虽然离去了,但百姓却越发歌颂他、怀念他。

贵贱尊卑

乐殊贵贱，礼别尊卑。

这两句话谈到了中国的礼乐，以及由礼乐涉及的贵贱尊卑的等级概念。

礼乐是中国文化的代名词，中国传统文化的表现形式可以用礼乐来概括。广义的"礼"是中国文化的统称，包括了哲学、政治、社会、教育，等等，所有文化内容。狭义的"礼"指社会秩序，特别是指人与人之间的关系，包括现代的法律、法规、政策等内容。

为什么要研究礼？礼的作用是什么呢？孔子的学生，有子在《论语·泰伯》中说过"礼之用，和为贵"。礼的作用在于和，有了和才能达到儒家"仁"的境地。中国文化千经万论、诸子百家，归根结底就是追求这一个字"和"。子思为此著了一部《中庸》，他强调"致中和天地位焉"。天地之所以能够定位长存，是因为达到了中和的状态；人之所以健康无病，也是因为有中和之气，所谓心平气和才有健康。过去中国人流行拜财神，财神旁边就有和合二仙，和气生财、家和万事兴，没有"和"什么也办不成，什么也得不到。

广义的"乐"是艺术形式的总称，包括了现代的音乐、舞蹈、美术、影剧等艺术形式。狭义的"乐"指音乐。乐有什么作用呢？没有乐行不行呢？

没有艺术修养，人生会很枯燥乏味，连自己哄自己玩的玩意儿都没有，生活不是会很枯燥吗？所以要用乐来调心。古代的贵人都懂艺术，大政治家、大军事家同时又是大文学家、大书法家。无论自己心中的痛苦和烦恼有多么大，通过读书写字、吟诗弈棋、吹拉弹唱就化解了，不像现代人自己跟自己过不去，不弄出个抑郁症、精神分裂症不算完。所以我们要懂得古人设置礼乐的根本目的之所在。孔子在《论语·阳货》中说："礼云礼云，玉帛云何哉？乐云乐云，钟鼓云何哉？"白话文的意思是说："礼啊礼啊，只是说的玉帛之类的礼器吗？乐呀乐呀，只是说钟鼓之类的乐器吗？"

老实讲，中国的礼乐都是对己不对人的，用礼来约束自己方便他人，以达到"和为贵"的目的。礼像篱笆墙一样，挡君子不挡小人，如果你硬是要翻墙而过也是没有办法的事情。乐又何尝不是如此呢？中国的歌曲都是低吟慢唱，是唱给自己听的。乐器也都是独奏的，无论笙管笛箫、琴瑟琵琶，都是声音小而柔，是演奏给自己听的，目的在调心。西洋乐器多是演奏给他人听的，所以震耳欲聋。孔子在《论语·为政》中说过："人而不仁，如礼何？人而不仁，如乐何？"一个人如果不自觉，文化与艺术对他又有什么用呢？

至于"贵贱尊卑"，那首先是由于我们的心理观念造成的。人的通病都是好高骛远，得不到的东西永远是高贵的，得到了就卑贱了、看不起了。尊卑贵贱，首先是自己给自己制定的心理追求标准，然后才是根据自己的行为，社会对自己的归类。这种分类也是由一个人气质、追求的不同而自然形成的文化差异，可以说是自己给自己划定的，所谓物以类聚、人以群分。举例子来说，染黄毛、戴鼻环、吃摇头丸的人，恐怕欣赏不了贝多芬与莫扎特。谁规定的呢？是自己的文化品位与道德修养决定的。如果自己降低了做人的标准，自己堕落为社会上不道德的"卑贱"一类，又与他人何干呢？

今天的中华民族，民族精神缺失，没有自己的文化身份，我们不知道自己是谁。因此也就阻碍了与其他民族更好地进行交往。西方文明的长处在物质科学的进步，东方文明的长处在人文文化的传承。中国有五千年的人文文明史，是世界上唯一一个有五千年文化传承的国家。其他的文明古国都灭亡了，因为它们的文化传承断了。中国之所以五千年来不亡国，是因为我们的民族文化没有断，只要有文化在，国家亡了可以复国，民族亡了可以振兴。但是如果民族文化亡了，我们的民族精神就成了"游魂"，中华民族就永远没有出头之日了。

"和"的境界

上和下睦，夫唱妇随。

前面说到"礼之用和为贵"，天地人三才之道无一不是要求达到"和"的境界，天道、地道、人道都要和，和合万物才能生养。天道之和叫"太和"，地道之和叫"中和"，人道之和叫"保和"。"保和"的意思是要求人保持住天地赋予的和气。由行为入手，真正做到保和，才能达到中和；中和不丢才能恢复到太和，就是复本归元。紫禁城三大殿：太和殿、中和殿、保和殿，不正是教给我们这个道理吗？懂了，就能家和万事兴，夫妻和合生贵子；不懂就能把好日子过成苦日子，烦烦恼恼地自己跟自己过不去。

和合二仙是一对，此和就有彼合，有感就有应。上有和下就有睦，所以说"上和下睦"。"和"是协调、平静、美好的意思；"睦"字从目，目顺也，就是看着顺眼，引申义为亲近、好合。长辈与晚辈要和睦相处，就是"上和下睦"的字面意思，很好理解。

"唱"是"倡"的通假字，有倡导、发起的意思。"夫唱妇随"的意思是说，如果没有原则性分歧，丈夫倡导的妻子一定要拥护。不是说，夫妇二人天天在家里唱卡拉OK，男女对唱，那就错了。

"夫唱妇随"是半句话，后面还有半句是"妇唱夫随"。如果没有原则性分歧，妻子倡导的丈夫也同样要拥护，特别是当着第三者（孩子或外人，不是插足的第三者），夫妻一定要一致对外。有分歧、有意见可以回去再讨论，但当着外人夫妻之间不能拆台，这是夫妻和合的基本原则。夫妻本是一体，一荣俱荣、一损俱损，当着外人贬低自己的配偶，别人一定看不起你。相反，如果你能处处维护自己配偶的荣誉，别人一定会尊敬你。

教育的原则

外受傅训，入奉母仪。

这两句是谈教育的原则，要将师教与家教结合起来。在外面要接受老师的训诲，在家中要奉持母亲的规范。古代的规矩是，父亲在外做事、挣钱养家，所以常年不在家，只有到了年底放长假的时候才回来。小孩子在家里的教育，主要由母亲负责，所以女人的主要职责就是相夫、教子两项内容。小孩子自降生至三岁以前，接触最多的就是母亲，母亲的一言一行、一举一动都是小孩子模仿和学习的样板，所以，中国自古以来就重视母仪母教。世上先有孟母，然后才有孟子。周有三太：太姜、太任、太姒，才有文王、武王、周公，才有周朝八百年的天下。

韩愈在《师说》里面提出"师者，所以传道授业解惑也"。传道、教做人是第一位的，知识的传授在其次。不会做人，知识越多危害性越大，因为"行止不端，读书无益"。古代的"傅"多为"人师"，要对一个学生的品行负责，所以当时的学生犯过，常常要追究"傅"的责任。"师"则多为传授技艺的"经师"，一师之徒，往往有十几个、几十个之多。

"母仪"是母亲的举止仪表。过去大臣给皇太后送匾额，都题写"母仪天下"，这是恭维话，但也是劝勉的话，勉励皇太后做天下人的榜样，所以，母亲在子女面前的言行举止不可不谨慎。

教育必须是老师与家长联合起来，有些话只能老师说，有些话又非家长讲不可。家教与师教像人的两条腿一样缺一不可，所以《三字经》上说："养不教，父之过；教不严，师之惰。"现代人将对子女的教育完全推给学校、推给社会，自己大撒把、坐享其成，这是不行的。

将自己的爱心拓展开来

诸姑伯叔，犹子比儿。

这两句话是前面讨论过的，对孝道范围的拓展，将爱心扩展到自己的家人。对待姑姑、伯伯、叔叔，要像对待自己的父母一样。同样，对待侄儿、侄女也要像对待自己的子女一样。"犹子"犹如自己的儿子，《礼记·檀弓》上说"兄弟之子，犹子也"，显然就是指侄子。

人非圣贤，不可能一步就做到大公无私。怎么办呢？就要一点一点来。孟子说分成三步来走：第一步"亲亲"，先关心自己的家人，先从有血缘关系的亲人做起，把钱财施舍给外人舍不得，帮助自己的亲人总应该可以了，第二步"仁民"，关心同类人，我们都是人，是同类，应该互相帮助，第三步"爱物"，爱护众生、爱护这个生态环境，所谓的"天同覆，地同载"。

孔子说过，对父母尽孝是小孝，是孝之始；能够爱天下人、爱万物才是大孝，是孝之终。孟子也说过"老吾老以及人之老，幼吾幼以及人之幼"。将自己的爱心拓展开来就是贤人、就是菩萨。一步就做到"众生平等"当然好，如果一下子做不到，就要一步一步来，欲速则不达。经常看到学佛的人，烦自己家里人，烦自己的父母，反而跑到庙里去做功德、去供养法师，这就本末倒置了。林则徐"十无益"中的第一条就是"父母不孝，奉神无益"。父母是世间的两尊活佛，兄弟姐妹、妻子儿女，都是助人成道的活菩萨，是大护法。放着活佛不拜、活菩萨不亲近，反而向外跑，就背道而驰，大错特错了。

兄弟之道

孔怀兄弟，同气连枝。

这两句话谈的是五伦中的兄弟之道。兄弟之间要相互关爱，彼此气息相通，因为兄弟之间有直接的血缘关系，如同树木一样，同根连枝。

"孔怀兄弟"四个字，出自《诗经·小雅·常棣》一篇，其中有"死丧之畏，兄弟孔怀"的诗句。"孔"是程度副词，有非常、最如何之意。"怀"是关爱、关怀。"孔怀"就是非常关怀、关爱的意思。兄弟之间的关系是血缘关系，亲近无比，是朋友关系不能相比的。故此，后世多用"孔怀"二字，指代兄弟手足之情。

兄弟之道在五常之中属于礼德，原则是"兄友弟恭"。做兄长的要友爱、关心弟弟，做弟弟的要恭敬、尊重兄长。兄弟之间如能各尽其道，自然和睦友爱，如果将利益放在第一位，亲情放在第二位，就大错特错了。不但有违兄弟之道，也有违孝道，因为兄弟反目最悲伤的是父母，所以《弟子规》中才说"兄道友，弟道恭；兄弟睦，孝在中"。古人有一首叙述兄弟之情的诗，讲得很有味道。诗中说：

兄弟连枝各自荣，些些言语莫伤情；
一回相见一回老，能得几时为弟兄。
弟兄同居忍便安，莫因毫末起争端；
眼前生子又兄弟，留与儿孙做样看。

兄弟不和，总是因为"争""贪"而起的争端，其中各自的妻室往往没有起到好作用。想想古人的兄弟之情、姊妹之谊，我们每个人都应该见贤思齐，处处约束自己，为兄弟姐妹提供方便。兄弟本是同气连枝，一母所生，各自的后代又都叶茂枝繁，成为新一伦的弟兄。父一辈如果能做出"兄友弟恭"的好样板，后代的兄弟姊妹以至于堂兄弟、堂姊妹之间也一定会效法。这是真正的"荣业所基"，比遗财给子孙重要得多，所以孔子才说"孝悌也者，其为仁之本与"。

"朋友道"

交友投分，切磨箴规。

这两句话谈的是五伦中的"朋友道"，是兄弟之道的拓展。一个人果真能够做到"兄友弟恭"，一定能够结交到良朋益友。如果手足之情都处不好，哪里会有真朋友呢？所以，"十无益"中的第二条才说"兄弟不和，交友无益"。

五伦中的其他几伦都好理解，唯独"友道"不好理解。为什么朋友也算一伦呢？人在一生之中会遭遇无数的痛苦与烦恼，有的痛苦上不可对父母师长言说，下不可告妻子兄弟，只能向朋友倾诉。人在一生中没有几个知心朋友是很痛苦的，也是做人的失败。

交朋友一定要投分，也就是投脾气、投缘分，不是一类人就千万不要聚到一起，因为"人以类聚，物以群分"，况且人分三六九等，木分花梨紫檀，彼此不是一类就格格不入。朋友之道讲一个信字，彼此推心置腹，诚信有义，才是真朋友。现代社会凡事都讲一个利字，无利不起早。这种名利场中的酒肉朋友，与此处讲的"友道"是完全不同的两件事，一定要辨别清楚。

朋友相处，应该像曾子说的"以文会友，以友辅仁"。《弟子规》中说"善相劝，德皆建；过不规，道两亏"。朋友之间有进步要互相鼓励，有过失要互相规劝，有困难要互相帮助，有心得要互相交流，这就是"切磨箴规"。切磨是"切磋琢磨"的缩略形式，意指对学问的探讨与研究。"箴"

字的本义为竹针或石头针，可用于针灸治病。箴文是一种告诫类文体，起规劝、纠正作用，箴言就是有哲理作用、能激励人的座右铭。规是劝告、建议的意思。

朋友间的规劝要注意分寸和尺度，这是"交友投分"的另一重含义。"分"是本分、分量，"投分"就是要恰如其分。朋友间相劝要适可而止，不听也就算了，我们作为朋友的责任尽到了，再劝就会结怨。所以，孔子在《论语》中告诫说："忠告而善道之，不可则止，毋自辱也。"过分了就会自取其辱，那又何必呢？

"切磋琢磨"这四个字，本义是指玉石加工过程的四道工序。从昆仑山采来一块石头以后，第一道工序就是"切"，从中间剖开看看石头里面有没有玉，有多少块玉。有的石头里面根本没有玉，有的只有星星点点的碎玉，只能做戒指面。有的石头里面真有大玉，可以做成价值连城的工艺品。第二道工序是将石头中的玉"磋"出来，这种未经雕琢的原料玉石叫作"璞玉"。接下来要按照璞玉的形状进行雕琢，或雕琢成玉佩首饰、杯盏盘碟、佛像神像，等等，就叫"琢"。最后一道工序是磨光，就是"磨"。前两道工序一个人干不了，所以要"两个人切磋切磋"；后两道工序可以自己干，因此说"让我琢磨琢磨"。

"博爱谓之仁"

仁慈隐恻，造次弗离；节义廉退，颠沛匪亏。

仁是抽象的哲学概念，不能离开具体的事项空对空地讨论，孔子举了几个例子加以说明。例如"仁者爱人"，有爱心，能够爱人、爱物就是仁，这是孔子不得已的说法，因为爱毕竟还不是仁的全部境界和内容。中国有一句话叫作"博爱谓之仁"，有人说这是孔子说的，其实这是唐朝诗人韩愈说的，不是孔子的话。

普通人的爱是有条件的，是以感情为基础的。喜欢就爱，不喜欢就不爱，所以爱字里面有心。简化汉字的爱干脆连心也掏去了，赤裸裸地告诉人爱是空心的、假的，信不得。慈则是爱的升华，是没有条件的爱。母亲疼爱儿女是无条件的，这种爱就是慈，所以称母亲为慈母。

"隐恻"也称为恻隐，是见人遭遇不幸而心有不忍，是仁慈之心的表现，所谓"恻隐怜人谓之慈"（《贾子道术》）。如果分开来解字，"痛之深为隐，伤之切为恻"。孟子说："恻隐之心，仁之端也；羞恶之心，义之端也；辞让之心，礼之端也；是非之心，智之端也。无恻隐之心非人也，无羞恶之心非人也，无辞让之心非人也，无是非之心非人也。"（《孟子·公孙丑上》）做人的标准以恻隐之心为首，没有恻隐之心就不是人，这并不是孟子在骂人，事实确是如此。

孟子举了"孺子坠井"的例子，一个人看到有孩子掉入井里，他瞬间的第一个反应就是救人，根本没考虑是否有奖金，是否受表扬之类的条件，这就是恻隐之心人皆有之。这是孟子"性善论"的基点。

"造次"的本义是仓促、匆忙，引申义为草率、轻忽、唐突。人在忙乱仓促、来不及思考的时候，仁德所表现出来的慈爱、恻隐之心也不能够离开、不能够抛弃，就是"造次弗离"。

"节义廉退"说的是五常之德除仁以外的其余四德"信义智礼"。"节"的本义为竹节，竹子可以被剖开，但其中的节不会扭曲，由此引申为气节、操守，所谓"君子竹，大夫松"，说的是人应该有所守而不变。这里用"节"来代表五常之中的信德。

古代国家的特使出访，手中都要持着一根竹子做的"旌节"，人在旌节在，以象征国家的主权与尊严。西汉的苏武，奉汉武帝之命出使匈奴被匈奴扣押，流放到北海牧羊十九年，汉昭帝时才被迎回中原。苏武须发如雪，手中高举着那根旌节回到长安，被传为千古佳话。

"义"是孟子学说的核心，也是孟子一生追求的目标。孔子说"杀身成仁"，孟子说"舍生取义"。"大义凛然"是孟子做人的标准之一，虽有敌军围困，只要"义之所在，虽千万人吾往矣"。

"廉"指一个人有操守，不苟且，在五常中代表"智德"。

"退"的意思是谦退、谦逊、礼让，是"礼德"。

"颠"是狼狈困顿，"沛"是跌倒倾仆，"颠沛"合用比喻人的生活动荡困苦，人生挫折困顿的状态。

在此四句中，"仁义礼智信"五常之德俱全。但"仁"统四端，有了"仁"才有"义礼智信"四德，所以"仁"占五德之首。日本人五德中做到了四个，偏偏缺少仁德，所以，日本这个民族虽然传统文化继承得好，"义礼智信"都做到了，但始终都不能如愿以偿地执世界文化之首，其根本原因就在于此。

在很多时候，只用一个"仁"字就代表了五德，例如孔子在《论语·里仁》一篇里说："君子无终食之间违仁，造次必于是，颠沛必于是。"君子在一餐饭这样短的时间里，也不能离开五常之德，于造次颠沛之间，更是如此。

做人的基本原则

性静情逸，心动神疲；守真志满，逐物意移。

这四句话是整个第二部分的"眼"，是承接上文，讨论一个人如果能够坚守五常之德、奉行五伦之道之后的心理建设，也是我们学习如何做人的基本原则。

"性敬情逸"说的是，人的心性沉静下来了，心情就会安逸、悠闲；相反，如果心性不静，情不安逸，就会"心动神疲"。心念动了，精神就困倦、疲劳了。

"守真志满"是守住真常之性。"真"指人的本性、本质，"守真"就是守住自己纯真的本性和操守。能够守住真常之性，人的心志就会饱满。如果跟着外物跑，心被外物所动，人的意志就被转移、被改变了。

这几句话的内容涉及东方心理学，亦即"心性"学说的基本概念，如果对"心性"学说不了解，对这几句话里面讲到的性情、心神、意志的内涵，就很难有深刻的理解。

传统的东方心性学说与西方心理学是两个不同的研究体系，西方心理学偏重于研究人的行为，根据行为研究人的心理，然后再据此规范人的行为，制定防范恶行的措施。东方心性学说不搞寻枝摘叶这一套，直接从根上动手，单刀直入，直探人心的根源：念头、欲望、思想，来研究人的第一动机是从哪里来的，为什么来的。以期从根本上切断它。

从总体来看，四句话所包含的"性、情、神、心、意、志"这六个字，代表了六个不同的概念、六种不同的心理层次，一层比一层深。大体上可以将其分为两组："性、情、神"是第一组；"心、志、意"是第二组。第一组是人的心理之根，所以字用竖心旁；第二组是人的心理活动，是心理活动的表现形式，所以字形用底心。六个字不同的排列组合，构成了人的各种心理现象。其中最活跃的是心，"心"可以与其他五个结合形成五种不同的心理：心性、心情、心神、心志、心意；"神"可以结合三种：神情、神志、神意；"情"可以结合两种：情志、情意；"性"只有一种，性情。

"性"是天赋的、天生的，是看不见摸不着的，是人心理活动的本体。"性"的表现形式就是"情"，这个看不见摸不着的本体，依托于"情"这个形式表现出来，以便与同类进行交流。"情"有"喜怒哀惧爱恶欲"七种形式，医学上叫作"喜怒忧思悲恐惊"七种情志。情是由性所发出的，性一动就发为情。子思在《中庸》里面说："喜怒哀乐之未发谓之中，发而皆中其节谓之和。"未发是性之未动还没有变为情的时候，这是最理想的状态，叫作"中"（上古时代的中原音，今天的河南话里"中"还是读第三声）。一旦性情发动，性变为情了，就要"中其节"，节是节骨眼、是关键、是物体的连接点。"中节"就是要正中靶心，恰到好处，能中节就是和，和就不伤，己人都不伤。人非圣贤不可能没有情感，性一动就变为情感，既有情感就要发作表现出来。发作可以，但要恰到好处，适可而止。孩子闯了祸，教育得恰到好处，他一定乖乖地接受，不会记恨父母，这就是和。如果处理得过了火，将孩子以前的过错一起翻出来，他一定不服气，因为你没有中节。掌握这个火候，就需要智慧与经验。

神是人体一切生命活动的总称。中国文化中其实没有迷信的东西，

"鬼"与"神"的概念，按照道家思想的解释"纯阳之气谓之神，纯阴之气谓之鬼"。并非是神在天上、鬼在地府，神鬼统统都在自己身上。"神者伸也"，是生命活动的伸展和延长；"鬼者归也"，是生命活动的回归和结束。可见，迷信是自己对生命现象和心理活动的迷惑，是无知、没有智慧的表现。

"心、志、意"，都是人的心理活动。"心之所往谓之志"，所往是人的心要向何处去。我们经常说要立志、要有志向，说的就是人的心要有一个运动方向，这就叫作志。"心之所发谓之意"，发出来的、表现出来的心理活动就叫作意。研究字形，心上有音就是意，心之音声不是人的心理活动又是什么呢？

前面已经提到，心是构成人的心理活动的基本要素，不动心就什么心理现象也没有。但什么是心？这是研究心性之学的基点。必须明了什么是心，才能彻底了悟人类一切心理活动的本源，也就明白了什么是"心之所发"和"心之所往"。

坚持高雅的操守

坚持雅操，好爵自縻。

这两句话是这一部分的结语，也等于是给第二部分下的结论。一个人只要能够保持正直的操守，好运自然会来临，哪里用得着向外面去求呢？

"雅操"指正直的操守、高尚的道德追求，即"仁义礼智信"五常之德，与"父子、兄弟、夫妇、君臣、朋友"五伦之道。能持五常之德、行五伦之道，才为我们所讲的"坚持雅操"。但人都是正眼未开，不知正身求己，反而拼命地向外追求，希望福从天降，这是不明理。理不明就无法行道，道不行就没有功，没功就没德，没德福从哪里来呢？如果反问自己，我们到底缺少什么？大概都是"缺德"。如果上天能够恩赐，赐予我们的也只有德而已。

"好爵自縻"一句出自《易经》，《易经·中孚卦》里面有一句"我有好爵，吾与尔縻之"的话。"爵"是古代青铜制作的酒具，因贵族的等级不同使用的爵器也不同。后世把爵作为爵位、爵号、官位的总称，好爵即指代高官厚禄、好运气、好机会。

"縻"的本义为拴牛的绳子。拴马的绳子叫羁，拴牛的绳子叫縻，羁縻合用是牵制、笼络的意思。縻字的引申义为牵系、拴住，"自縻"就是自己跑来拴住自己，也就是自修己德、自求多福，好运自来的意思。中国文化是自立的文化，儒家思想中不认为有个能拯救人类的上帝，解救人类的只有人自己，人的良知、才能是拯救人类自己的最后希望。

中国人历来讲究求人不如求己，求己者贵，知足者富。《易经·乾卦》的第一句话就是"天行健，君子以自强不息"。自强而后才有外援，自立而后才有天助，所以叫作"自縻"。

这两句话的意思就是：坚持高雅的操守，好运自会系临其身。

第二部分内容是《千字文》全篇的中心之所在，它既是第一部分的延伸，也是独立完整的一部分，这部分内容的主题就是谈如何做人。首先从人的两重属性开始讲起，详细论述身与心、德与名的关系，指导我们应该怎样端正思想、修正行为，从而建立起自己的德业。最后将重点落实在心性的修正上面，也就是"性静情逸，心动神疲。守真志满，逐物意移"。如果真能够身体力行做到了，自然就会"好爵自縻"。

《论语集注·为政第二》：

子曰："诗三百，一言以蔽之，曰'思无邪'。"

诗三百十一篇，言三百者，举大数也。蔽，犹盖也。"思无邪"，鲁颂駉篇之辞。

凡诗之言，善者可以感发人之善心，恶者可以惩创人之逸志，其用归于使人得其情性之正而已。然其言委婉，且或各因一事而发，求其直指全体，则未有若此之明且尽者。

故夫子言诗三百篇，而唯此一言足以尽盖其义，其示人之意亦深切矣。程子曰："'思无邪'者，诚也。"范氏曰："学者必务知要，知要则能守约，守约则足以尽博矣。经礼三百，曲礼三千，亦可以一言以蔽之，曰'毋不敬'。"

方位的文化

背邙面洛，浮渭据泾。

这两句话描述了东西二京，长安和洛阳的地理位置与地形地貌。"背邙面洛"描述的是洛阳，洛阳城背靠北邙山，南面是洛水。在古汉语中一提到背，在方位上就是指北方，一说面就是南方。中国人讲究面南背北，我们尚南，以面南为正位；西方人尚北以北为正位，同样的罗盘，我们叫指南针，他们叫指北针。古代的地图都是上南下北，与现代欧式的地图反着，所以我们的居室也要坐北朝南，历来的衙门口也都是朝南开。

为什么非得坐北朝南呢？这就是我们的文化，面南背北是九五之尊的天子之位。天子既居乾位有九五之尊，天子的一举一动就要正大光明，经得住南方丙丁火（阳光）的直射，阳光下的影子要正，政者正也，自己正了，才能施政，所以"天子无私事"。

"背邙"的邙指的是洛阳城北的邙山，北邙山海拔250米，方圆200公里，既不雄伟也不高大，但是由于水低土厚、气候温和，是理想的风水宝地。山上古代帝王的陵墓很多，历史上素有"生于苏杭，葬于北邙"之说。在邙山几十公里的主地段内，仅皇家陵园就有五处，分为东周、东汉、曹魏、西晋、北魏五个皇陵区，埋葬着汉光武刘秀、蜀后主刘禅、南陈后主陈叔宝、南唐后主李煜等帝王，以及贾谊、班超、李密、薛仁贵、狄仁杰、杜甫、石崇、孟郊、颜真卿等名流。古人有诗说，"北邙山上列坟茔，万古千秋对洛城"，一点也不假。此外，"洛阳牡丹甲天下"这是人人皆知的，但是"洛阳牡丹出邙山"，北邙山又叫牡丹山，这个典故就不是人人皆知了。

洛阳城的南面是洛水，此水起源于陕西的洛南县、流经洛阳城南，然后汇入黄河，所以，"背邙面洛"是对洛阳城地理背景的描绘。

"浮渭据泾"，说的是西京长安的地理位置。西安的左面有渭水，右面有泾河。渭水发源于甘肃，泾水发源于宁夏，二水在西安这里汇合后流入黄河。在流入黄河以前，泾水清、渭水浊，水质完全不一样，所以有"泾渭分明"的成语。浮是漂流、漂浮的意思；据是据恃、凭据、靠着的意思。

宫殿楼观

宫殿盘郁，楼观飞惊。

一般来说，殿是议论公事的地方，宫是帝王的生活区。例如北京皇宫紫禁城的布局，分为前朝后廷、左庙右稷。紫禁城前半部分是三大殿：太和殿、中和殿、保和殿，属于外朝；后半部分是后三宫：乾清宫、坤宁宫、交泰宫（殿），那是皇帝生活起居的地方，属于内廷。紫禁城的东面是皇帝的家庙、太庙（现在的北京劳动人民文化宫）；右面是祭地神和谷神的社稷坛（中山公园五色土）。

"宫殿盘郁"是形容都城里面的宫殿，高大繁盛、错落有致，重重叠叠。盘是盘旋、逶迤，郁是重叠茂盛的样子。

楼观是古代宫殿群里面最高的建筑，"飞"是形容建筑物之高，有凌空欲飞之势。"惊"是让人看了触目惊心、舌拊不下。说到中国古代建筑艺术，又是我们中国文化的一部分，非常了不起，其中最常见的就是亭台楼阁。亭子只有顶没有四壁，是供游人、行人小憩的地方。台是用土石垫起来的高而平的方形建筑，便于瞭望。阁是一种架空的小楼房，四周设隔扇或栏杆回廊，供远眺、游憩、藏书和供佛之用。

楼是两层以上的建筑，《说文》里说，楼者重屋也，是重重叠加的屋子。观是宫廷大门外面两层的细高的建筑，是朝廷张贴公告的地方。两观之间有一个豁口叫作阙，也就是通往皇宫正门的缺口，后世的观楼已经与皇城的正门融合在一起了。故宫紫禁城午门前面有一个小广场，广场的两侧是宫墙和门楼，这就是早先的观楼，现在上面有五座阁楼式建筑叫五凤楼。

楼观都高入云天，让人看了触目惊心。记得李白有一首诗《夜宿山寺》，述说诗人夜宿深山里面的一个寺庙，寺院后面有一座很高的藏经楼，他登上去了。凭栏远眺，星光闪烁，李白诗兴大发，曰："危楼高百尺，手可摘星辰。不敢高声语，恐惊天上人。"后人有好事者，将自己家的楼，取名"摘星楼"，以言其高。

装饰景观

图写禽兽，画彩仙灵。丙舍旁启，甲帐对楹。

读古书要学会随文入观，要随着文字的展开，进入文字中所描写的那种情景与状态，脑子里要像看电视剧一样。此处的《千字文》就是剧本，你自己是摄影师，你的镜头先从远方的背景处开始拍摄，也就是"背邙面洛，浮渭据泾"。然后将镜头慢慢拉近，"宫殿盘郁，楼观飞惊"，再将镜头拉向宫殿里边，对彩绘装饰的特写镜头，"图写禽兽，画彩仙灵"，这样读书才有意思，才活灵活现。

两句话连起来的意思是：

宫殿盘旋曲折，重重叠叠；楼台宫阙凌空欲飞，触目惊心。宫殿里面画着飞禽走兽，还有彩绘的天仙神灵。

镜头再拉向宫殿的两侧，"丙舍旁起，甲帐对楹"。

丙舍是古代王宫中正室两旁的别室，后世叫作偏殿、配殿。古人认为："亥为天门，巳为地户。"亥是十二地支的最后一位，后面接着又是子时一阳生，新一轮的生命又开始了，所以亥主生，为天门。巳是阳尽之时，巳的后面就是午，午时一阴生，生命体的负面过程开始了，所以，巳主死，为地户。"丙舍于巳"，故凡地户皆称丙舍。

地户就是专与死人打交道的地方，都称为丙舍。例如寄柩所、祠堂、陵园内的房子，等等。钟繇有著名的《丙舍贴》传世，内有"墓田丙舍"的话。唐代诗人温庭筠有诗称："帘间清唱报寒点，丙舍无人遗烬香。"

因为丙舍不是正房，而是配房、别室，其门户自然也都是朝东西方向开启的，故称旁启。

"甲帐对楹"的意思是豪华的幔帐对着高高的楹柱。甲帐是汉武帝时所造的帐幕，《汉武故事》中记载："武帝以珍宝为甲帐，其次为乙帐。"汉武帝的幔帐用珊瑚、宝石翡翠、珍珠镶嵌，是第一等的幔帐，故称甲帐。

楹是堂屋前部的柱子，此处指宫殿中的第一排柱子。楹柱上面通常都挂上木头镌刻的对联，叫作楹联，例如光绪皇帝题故宫后殿的楹联：

修身先谨懔幽独，读书在培养本源。

鼓瑟吹笙

肆筵设席，鼓瑟吹笙。

这两句都是出自《诗经》，述说了宫殿里面正在进行的活动。肆与设是一个意思，都是放置、陈列，"肆筵设席"就是摆设筵席。《诗·大雅·行苇》中有"肆筵设席，授几有缉御"的诗句。

筵和席都是古代的坐具，中国上古时期没有椅子，椅子叫"胡凳"，是从西域胡地传进来的。中国传统的叫凳子，没有靠背。在唐朝以前，古人都是席地而坐，地上铺个席子，然后跪坐在地上，今天的日本人还是这个传统。筵席就是铺在地上的坐具，紧贴地面的那层席子就叫作筵，筵上再设坐席。席有大有小，有单人席、双人席不等。"肆筵设席"现代意思就是在宴会开始之前，桌椅的排摆和陈设的准备。

"鼓瑟吹笙"，是宴会中助酒兴的音乐歌舞，《诗·小雅·鹿鸣》中有"呦呦鹿鸣，食野之苹。我有嘉宾，鼓瑟吹笙"的诗句。

鼓是弹奏的意思，瑟是二十五弦的琴。古代七弦的叫琴，二十五弦的为瑟。笙在这里代表了管乐，瑟在这代表了弦乐。鼓瑟吹笙就是管弦乐合奏，丝竹之声四起。

华美建筑

升阶纳陛，弁转疑星。

中国古代的建筑无论是厅堂屋舍，还是亭台楼阁，都是建在一个高出地面的台基之上，所以堂前有阶，要进入堂屋必须升阶，所以古人有升堂之称。升阶是一阶阶登上去，纳陛也是用脚蹬着一步步走上前。阶和陛都是台阶的意思，普通的台阶就叫阶，帝王宫殿的台阶就叫陛。皇室宫殿的台阶，通常九阶为一组，所谓"天子之陛九级"，陛之上的平台都用朱砂涂成红颜色，叫作丹墀。紫禁城太和殿前的丹墀转圈九层，以示九重之天。

臣子站在陛阶之下向天子奏事，自称陛下，意为"在陛下者告之"就是站在台阶底下的我有事要奏报，并不是称皇帝为陛下，他是陛上。"升阶纳陛"的意思，就是一步步拾阶而上，登堂入殿了。

弁是古代的官帽，有爵弁和皮弁之分。爵弁是没有旒的冕，冕是黑色的礼冠，近似西方的硕士学位帽。天子、诸侯在祭祀大典的时候戴冕，以后规定只有帝王才能戴冕，所以有"冠冕堂皇"的成语。冕的上面有块长方形的搓板，叫延。延的前后沿都挂着一串串的玉石珠子，叫作旒。天子挂12串，诸侯挂10串。挂旒的目的是提醒天子，对待臣子要宽容，谁能没有过失呢？该闭一只眼的时候就闭一只眼，像隔着帘子看人一样，不要总是明察秋毫。

皮弁是文武百官戴的皮帽子，用鹿皮缝制，样子像现在的瓜皮帽。鹿皮拼缝之处，缀有一行行闪闪发亮的小玉石，光映下其烁如星，看上去就像闪烁的星星一样。

"弁转移星"的意思，就是每个人都戴着官帽，上面的玉石转来转去，在灯光的映照下，就像星星一样明亮。这句话语出《诗经·卫风·淇奥》，诗中说："瞻彼淇奥，绿竹青青。有匪君子，充耳琇莹，会弁如星。"

西京长安皇宫

右通广内，左达承明。

这两句话是描述西京长安皇宫里面的建筑，向右通广内殿、往左达承明殿。上古时代没有高大的宫殿建筑，殷商的遗址上至今也没有发现瓦片，甚至禹住的所谓宫室，也是半地穴式的，出入口有两级的土阶，屋顶都是茅草的，这就是《诗经》中描写的"茅茨土阶"。直到找到战国时代的遗址才发现了空心砖，还是用于墓穴，住人的房子还是用干打垒的方法建成土墙。

秦始皇开始大规模地建造宫殿，像被项羽一把火烧了三个月的阿房宫。汉朝的长安城有著名的"汉三宫"：长乐宫、未央宫、建章宫。曹植的诗文里面，就有一篇赋专门描写建章宫多么的豪华。刘邦建立西汉政权后，开始修建长乐宫与未央宫。未央宫是在公元200年的高祖七年，由丞相萧何主持修建的，营造得极为豪华。建章宫的规模更为庞大，殿宇楼阁林立，号称千门万户，宫殿比未央宫还要高大，仅东西两个观阙就有20多丈高。

广内殿

既集坟典，亦聚群英。

"既集坟典"说的是广内殿，因为它是收藏图书的地方，收藏了古今的图书典籍。

"亦聚群英"说的是承明殿，承明殿既然是皇帝接见文武百官的地方，所以承明殿里亦聚群英，文武百官、群英荟萃。

坟指的是三坟，典指的是五典。三坟指的是三皇，即伏羲氏、神农氏、黄帝的著作；典指的是五帝：少昊氏、颛顼氏、帝喾、尧、舜，记载五帝事迹的书，叫作五典。三坟五典是中国最古老的书，早已经失传了。坟的本义是指高大的土堆，不是说死人的坟头是坟。人死了埋在一个地方，要弄一个标记，防止以后再来扫墓找不到了，就在地上堆一个土堆，叫作坟头，但这并不是坟的本义。

清朝乾隆年间，有一个才子叫袁枚，别名袁子才，诗作得相当好。袁枚中过进士，做过多任知县，他把《红楼梦》里边描写的大观园，也就是南京隋织造的隋园买了下来，重新装修以后住在里面，改名随园。他在随园门口挂了一副楹联。上联是"此地有崇山峻岭茂林修竹"；下联是，"斯人读三坟五典八索九丘"。八索就是八卦，九丘是九州的州志。当时还有一位才子赵翼，也是很有名的诗人和史学家。他说过一句很著名的话"书到今生读已迟"，这辈子再读书其实已经晚了，这辈子用的是上辈子读的书，你这辈子读的是给下辈子做准备的。

赵翼看到了袁枚挂在随园门口的对联，很不服气。三坟五典早已绝迹，孔老夫子都不一定读过。你袁枚口气太大了，得修理修理他。于是拿了自己的名帖来访袁枚。刚好袁枚不在家，管家很客气地招待赵翼，并问有什么事。赵翼说："我也没什么事，只是来借两部书看。"管家问借什么书，他说："三坟五典就可以。"袁枚回来听说此事，知道赵翼是来找麻烦的，赶快叫人把门口的对联摘了。

名著典籍

杜稿钟隶，漆书壁经。

广内殿里面除了三坟和五典以外，还有什么好东西呢？还有古玩字画的真迹，例如有杜稿、钟隶、漆书、壁经。

汉朝有一个叫杜度的人善写草书，中国历史上写草书的第一人是杜度，不是唐朝的怀素。杜度草书的手稿，就是杜稿。三国时代的钟繇，写隶书是天下第一的，他的隶书真迹，就是钟隶。

除此之外，还有"漆书壁经"。漆书是在上古时期，笔墨都还没有出现以前，用树脂漆书写在竹简上的大头小尾的文字，现代称为"蝌蚪文"。

元代吾丘衍在《学古编》里面解释说："上古无笔墨，以竹梃点漆书竹上，竹硬漆腻，画不能行，故头麄尾细，似其形耳。"现代出土了商代用玉石制作的漆书笔，可见漆书既是中国最早的硬笔书法文体，也是中国最古老的一种书。《晋书·束皙传》记载，晋时有一个名叫不准的汲郡人（今河南新乡），盗掘战国时魏襄王的墓得到13篇漆书的古籍。

壁经是指在孔子旧宅墙壁中所藏的经卷。秦始皇焚书坑儒，把所有的儒书都收缴上来，孔子的八世孙怕儒学从此失传，就把一部分经卷藏在了夹壁墙里边。汉武帝的弟弟鲁恭王，想侵占孔子的旧宅修花园，在拆墙的时候发现了里边的竹简，内有《孝经》《尚书》《论语》等。

秦始皇焚书坑儒。在秦始皇三十四年（公元前213年），博士齐人淳于越反对当时实行的"郡县制"，要求根据古制，分封子弟。丞相李斯加以驳斥，并主张禁止百姓以古非今，以私学诽谤朝政。秦始皇采纳李斯的建议，下令焚烧《秦记》以外的列国史记，对不属于博士馆的私藏《诗》、

《书》等也限期交出烧毁；有敢谈论《诗》、《书》的处死，以古非今的灭族；禁止私学，想学法令的人要以官吏为师。此即为"焚书"。在秦始皇三十五年（公元前212年），方士卢生、侯生等替秦始皇求仙失败后，私下谈论秦始皇的为人、执政以及求仙等各个方面，之后携带求仙用的巨资出逃。秦始皇知道后大怒，故而迁怒于方士，下令在京城搜查审讯，抓获460人并全部活埋。

到了汉惠帝刘盈当政，发现天下没儒学经典了。于是昭告天下，看谁还藏有儒家的经典。书是没有了，只能靠背诵的功夫默写下来。其中最有名的是一个名叫伏生的九十岁老头，他默写了整部《尚书》。后来，把壁经里发现的《尚书》与他默写的《尚书》对比，一字都不差，可见古人背书的功夫真是一绝。一旦爆发战争，书烧了，你没有背诵的功底，就再也找不回来了。

文武百官、公卿将相

府罗将相，路侠槐卿。

上文说了广内殿，这里再说说承明殿。承明殿里面聚集了文武百官、公卿将相。府是聚集的意思，例如将国家的仓库叫作府库。朝廷的里面，文武百官，群英荟萃。朝廷的外面，道路两旁站立的都是三公九卿。侠是夹的通假字，就是夹道欢迎的夹字。

"槐卿"是三槐九卿的简称。古人最崇敬槐树，槐树能生存数千年，且不怕旱涝、不畏寒暑，生命力极强。槐树花、槐树皮都可以吃，可以在饥年救人性命，所以，槐树是中国的国树，叫国槐。三槐就是三公，代表国家最尊贵的三个职位。

每个朝代，对三公的称谓都不同，秦汉以前，将太师、太傅、太保叫作三公。这三太公都是德高望重的老头，西汉的三公是大司徒、大司马、大司空。这三公都是宰相，都有实权，大司马掌管全国的兵马，相当于国防部长；大司徒专门管钱、管人，相当于丞相；大司空主管国家的基本建设。

九卿是秦汉时代中央政府的行政长官，包括：奉常、郎中令、卫尉、太仆、廷尉、典客、宗正、治粟内史、少府，共九卿。九卿中只有三卿主管国家的行政，其余的六卿主管皇帝的私人事务。廷尉又称大理，是全国最高法官；典客又称大鸿胪，主管少数民族和外交事务；治粟内史又称大司农，主管全国的租税赋役。

九卿中的少府是宫廷总管，下设属官尚书。由于事务越来越多，尚书变成尚书省，从隋朝开始尚书省下设六部，也就是直到清朝都沿用的"吏户礼、兵刑工"六部。六部的正部长称尚书，副部长称侍郎。

封地受赏

户封八县，家给千兵。

羊祜是西晋著名的军事家、战略家，他是晋武帝司马炎的太傅、征南大将军，是使西晋灭吴战争胜利的关键人物。羊祜一生清廉正直，所得俸禄全部用来周济族人、奖励将士。他死后，武帝司马炎亲着孝服，痛哭流涕。羊祜如此大的功绩，封地不过五县。可见这里所说的"户封八县"是形容封地之多。

封是分封土地，即帝王把爵位及土地赐给王室成员和有功的臣子。封字在六书中属会意，从土、从寸，字象是植树于土上，以明疆界。周朝建立后开始分封建国，设立800诸侯国，秦时被废除，汉朝又开始封爵食邑。诸侯自己采邑内收缴的赋税，除了向天子进贡以外，均归自己调度，像上面说的羊祜就是食邑六千户。

给是配给、供给的意思，国家对有功勋的重臣，配以护卫的兵卒，类似现代首长家中的警卫人员。晋朝的大书法家卫瓘，因平蜀之功被封为征北大将军、尚书令，朝廷派给千兵。卫瓘的女儿卫铄，即众所周知的著名女书法家卫夫人，是王羲之的书法老师。

车马驰驱

　　高冠陪辇，驱毂振缨。

　　这些将相公卿，个个都戴着高高的官帽，陪伴着帝后的车辇。

　　冠是古代贵族男子戴的帽子，古人将长发挽为发髻，再用冠套住，不像后世的帽子将整个头顶都盖住。为了将冠固定住，冠的两旁就有两条可以在颔下打结的小丝带，叫缨。

　　辇字是会意字，上边两夫下边一车，表示是两个人拉着一辆车。古代宫中用的一种轻便的人力车叫辇，后世专指帝王与后妃专用的车乘。皇上坐的叫龙辇，皇后坐的叫凤辇。

　　古代的车轮是木制的，车轮的边框叫辋，中心的轴孔叫毂，连接辋和毂的木制轮条叫辐。《老子》说："三十辐共一毂"，毂就代表车轮子，驱毂就是驾车之意。

　　古人乘车尚左，尊者在左，御者居中，护卫的人在右，又叫车右。战车就不同了，是御者居中，持弓箭的甲士居左，持长矛的甲士居右。

　　振是抖动、摇动的意思。缨有两重意义：一是系在颔下的冠带，如《史记·滑稽列传》记载："淳于髡仰天大笑，冠缨索绝。"淳于髡仰天一笑，帽子带断了。古人乘车都是站在车厢里，叫作"立乘"，车马一跑起来，帽带就会随风摆动，所以叫作振缨。二是马的缰绳也叫缨，古人把请战叫作"请缨一战"，因此，抖动马的缰绳也叫振缨。

世禄侈富

世禄侈富，车驾肥轻。

古代的俸和禄不是一个概念，俸是薪俸，相当于现代的工资、薪水，你得干活才有薪俸。禄是配给，相当于现代的福利，只要你有爵位或名分，不干活也有禄给。例如清朝初期，只要你是满人，就可以每个月领一斗禄米、二吊铜钱，什么也不用干。所以，后代满人除了提笼架鸟，什么都不会做，"爱即是害"这句话一点也不错。侈是奢侈、豪华、奢靡过度；富是富足、财物殷实。这些人世代享受国家的供养，生活奢侈富足，无忧无虑。

战国以前，车马是连用的。没有无马的车，也没有无车的马，因此上古时代驾车就是御马，乘马就是乘车。驾是拉车的马，驾二马为骈；驾三马为骖；驾四马为驷，是速度最快的车，所以有成语"君子一言，驷马难追"。因帝王车驾出行都配有仪仗，逶迤可达数里，故非普通的一车一驾可比。

文治武功

策功茂实，勒碑刻铭。

将相公卿世代享有如此丰厚的待遇是什么原因呢？因为他们的策功茂实。

策是文治，出谋划策；功是武功，上阵杀敌。因为这些将相公卿，都有文治武功，而且这些功绩都是既丰厚又真实。茂是茂盛丰厚，实是真实不虚。这些人的文治武功既多又实，所以才有如此好的待遇。

他们活着的时候是这样，死了以后还要勒碑刻铭，将他们的名讳事迹镌刻在金石之上，流传百世。勒碑是往石碑上刻字，刻铭是往金属上刻字，二者不一样。

故宫博物院保存有石鼓文，是战国时代镌刻在石鼓上的文字，还有石柱文，那是镌刻在六棱石柱上的文字。刻铭是在青铜器上刻字，现存的有盘铭文、钟鼎文，都是青铜器上的篆字。故宫养心殿里有一幅字："苟日新，日日新，又日新"，这是汤之盘铭，是商王成汤洗手用的浴盘上面刻的字，属于金铭。其他的钟鼎文是预先雕刻在范具上，再通过浇铸出现在青铜器上的文字，也属于金铭。

刻碑为什么又叫勒碑呢？勒是摹勒的简称，白板素碑的碑面先要以朱砂摹勒上石，然后才能镌刻。可以请人将碑文直接用朱砂笔摹写到碑面上，或者在碑文纸的背面用双勾法，即用朱砂笔勾勒出空心字形，再把碑文纸正面扣在碑面上，上面垫上若干层棉纸用石头慢慢地研磨，空心的朱砂字就印在石碑上了，然后才能用凿子镌刻。为什么要用朱砂摹勒呢？一则朱砂色泽鲜红、醒目；二则朱砂为矿物质，颗粒粗，写出的字不瘫软、不变形、不易脱落。

第四章
立身处世的秘诀

凡遇大事需静气,平心静气是一种境界,一种气度,一种修养。冷静之中的决定往往是摆脱困境的最佳方案,同时,冷静也是一种智慧。做人有困惑,做事有困境,面对"山重水复"之关卡,光有坚强的毅志不行,硬闯也不行。解决难题靠的是脑袋,脑袋产生思考,让思考发威,在出人意料之处轻松解决问题。

文治天下

磻溪伊尹，佐时阿衡。

太公姜子牙，他的事迹是渭水垂钓，文王访贤的故事。磻溪是在渭水河畔（在今陕西宝鸡附近）的一个溪潭，水旁有一块大石头（磻），姜子牙曾坐在上面钓鱼。

姜尚，字子牙，是东方夷人。他的祖先曾协助大禹治水有功，被封于吕，他以地为姓，故又称吕尚。姜子牙是一位很有才能、很有抱负的人。但在纣王的统治下，他怀才不遇，后来听说西伯侯，文王姬昌思贤若渴，便来到陕西岐山脚下的渭水河边，那时他已八十七岁了。他坐在磻石上用直钩钓鱼，不但不用鱼饵，鱼钩还悬在水面上三寸。有人问他这样能否钓到鱼，他回答说愿者上钩。

周文王精通《易经》。这一天，文王要出外狩猎，他就先卜了一卦。结果显示：此次狩猎的猎物不是野兽，而是独霸天下的辅臣。果然在渭水遇到姜子牙，两人谈论之后，文王大喜，说："我的先祖曾经预言说，将来会有圣人帮助周国振兴，我的祖先太公盼望您已经很久了。"于是称姜子牙为"太公望"，立为国师。

姜太公给文王制定的战略首先是"修德以倾商政"。这样就有四十多国先后归顺了周。到周文王晚年，"天下三分，其二归周"，完成了对商的战略性包围。

文王去世后，武王继位，姜太公辅佐武王伐纣。武王在出师前卜了一卦，结果很不吉利，偏又赶上暴风雨，诸侯们都很恐惧。吕尚却认为，决定大事不能靠占卜，应抓住战机立即出兵。结果是大获全胜，商朝被灭。武王占领殷都后，把纣王存放在鹿台的钱和储藏在钜桥的粮食散发给穷苦的百姓，并且为商朝的忠臣比干的墓加土，还释放了被纣王囚禁的箕子，从而深得民心。

吕尚作为周朝的开国功臣，受封于齐，都城在营丘。吕尚到齐国后，开始改革政治制度、大力发展商业，让百姓享受鱼盐之利，使齐国很快成为大国之一。太公吕尚活了一百多岁，但葬地始终不详。

第二位出场的是伊尹，他辅佐成汤灭了夏桀，开创了殷商六百载的天下。伊尹的手艺是烹调，他本来就是汤王的厨子。中国的手艺人讲究拜祖师爷，厨子要拜伊尹，戏子要拜唐明皇，唐明皇是戏班子的祖师爷。如果读一读《吕氏春秋·本味》，你就知道伊尹的厨艺有多高了。这篇文章记载了伊尹与成汤两个人，就饮食烹饪方面的对话。

伊尹是一个孤儿，出生以后就被扔在伊水旁边，他以水为姓，所以姓伊。有辛氏的家人在河边发现了伊尹，就把他抱回来由家里的厨师代为收养。伊尹从小跟厨师学艺，以后随着有辛氏嫁给了成汤，伊尹也就成了成汤的厨师。这个人极其聪明，很有谋略，很想帮着成汤干一番大事业。但一个厨子，怎样才能接近成汤呢？他就想了一个奇招。

成汤有一段时间发觉饭菜的味道不对，不是咸了就是淡了，于是把厨子伊尹叫来，问问他这菜是怎么回事。伊尹于是根据烹调的道理，纵谈天下大事。成汤听得大喜过望，知道此人绝非等闲之辈，经过几次长谈以后决定拜伊尹为宰相。商朝宰相之位的官名叫作阿衡，如《诗经·商颂·长发》中有诗曰："寔维阿衡，左右商王。"因为伊尹适时地辅佐成汤建立了商朝，所以此地称他为"佐时阿衡"。

古代饮食和医药是不分家的，自古就有"药疗不如食疗"的说法，所以，伊尹还是中医煎汤药的祖师爷。至今还流传说，煮中药的砂锅是伊尹传下来的。

周公旦

奄宅曲阜，微旦孰营。

周公旦，是西周著名的政治家，也是中国传统文化的奠基人和集大成者。周公姓姬，名旦，是周文王之四子，武王的亲弟弟。因为他的采邑在周（陕西岐山北），所以被称为周公。他为周朝的建立与巩固，立下了卓绝的功勋。

周朝建立不久，武王就病死了，成王姬育继位。当时成王还很年幼，根本不懂治国之道，只得由他的叔叔，周公旦代成王执政，处理国家大事。

周公摄政不久，分封在商地周围的管叔和蔡叔、霍叔就到处造谣，说周公欺成王年幼，企图篡夺王位。被封在商地的纣王的儿子武庚认为有机可乘，便与管叔、蔡叔等人互相勾结，扯旗造反。在这紧急关头，周公决定亲自率军东征。经过三年的战争，平定了叛乱，武庚、管叔被杀，蔡叔、霍叔被流放到边远地区。

周公东征归来之后，制礼作乐，从事文化建设。为不失去一个贤人，周公洗一次头发，曾多次握着尚未梳理的头发出来会客；吃一顿饭，也要多次吐出口中的食物去接待客人，这就是成语"握发吐哺"的典故。周公非常关怀武王，有一次武王病重，周公很焦急，就剪了自己的指甲沉到大河里，对河神祈祷说："如果要死，就让我死吧！"周公摄政七年后，成王长大成人，周公将政权归还给成王，自己回到大臣的位子。《尚书·无逸》篇写得就是周公归政时，对成王的一番谆谆告诫，为成王执政奠定了思想理论基础。

曾经有人在成王面前进谗言，周公怕了就逃到楚地躲避。不久，成王翻阅库府中收藏的文书，发现武王生病时周公的祈祷词，感动得流下眼泪，立即派人将周公迎回来。周公回周以后，仍忠心为王朝操劳。他辅佐武王、成王两代人，为周王朝的建立和巩固、为周朝的文化建设作出了重大贡献。

"奄宅曲阜"的意思是取得曲阜这样的居住地，作为安身之地、食邑之所。奄是时间副词，有一下子、突然之间就如何的意思。宅是动词，居住的意思。曲阜就是今天山东省的曲阜市，古代鲁国的都邑。

周政权巩固后，开始分封建国，周公被封在鲁。由于成王幼小需要辅政，周公脱不开身，就由周公的儿子伯禽代替父亲受封于鲁国。伯禽临行前，周公对他说了一番语重心长的话，这些话在《史记·鲁周公世家》中有记载，周公戒伯禽曰："我文王之子，武王之弟，成王之叔父，我于天下亦不贱矣。然我一沐三捉发，一饭三吐哺，起以待士，犹恐失天下之贤人。子之鲁，慎无以国骄人。"

伯禽到任三年以后才来向父亲汇报工作，周公问："你怎么这么久才来报政？"伯禽说："我要改变那里的风俗，实施礼仪，还要服三年的丧礼，所以晚了。姜太公同时被封在齐国，他五个月就回来汇报工作。"周公问："你怎么这么快就来报政了？"太公回答："我适应那里的风俗，革除不必要的礼仪，精兵简政，所以来得快。"周公将齐鲁两国的情形一对比，叹了一口气，说："呜呼，鲁后世其北面事齐矣！夫政不简不易，民不有近；平易近民，民必归之。"

微旦孰营。

微是假定副词，是如果没有、要不是就如何的意思，例如《岳阳楼记》的最后一句话："微斯人，吾谁与归？"除了这样的，先天下之忧而忧，后天下之乐而乐的志士仁人，我还能崇敬谁呢？这里的"微旦孰营"也是一个设问句，意思是除了周公旦，还有谁人有资格得到这样的封地呢？

作者为什么要在这里设这样一个问句，为什么言外之意说除了周公以外，谁也不配拥有曲阜鲁地，原因何在？

曲阜曾是神农氏的故都、黄帝的出生地、少昊氏之墟、商殷故国、周公旦的封地、孔子的故乡，迄今已有5000多年的历史了。中国的传统文化实质上就是周代的文化，周公整理了周以前的文化，在此基础上发展并形成了周的文化，也为后世的儒家学说奠定了基础。周公是历史上第一位集中国文化之大成者，所以作者才说，除了周公之外，还有谁有资格拥有鲁地呢？

接下来的孔子又出生在曲阜，他"祖述尧舜，宪章文武"，继承了中国文化的血脉传承，又一次整理中国文化，去粗取精、去伪存真，所以孔子是第二位集中国文化之大成者。因为他们的故乡都在曲阜，曲阜也就成为集中国文化大成之地。几代圣人的基奠和足迹都留在这里，至今曲阜市还有重点文物保护单位112处。曾经有一篇文章报道，孔府里原有一块"至圣先师大圣文王孔子"之碑，后来被砸碎后散失了。曲阜市几年前要将碑复原，当地政府号召居民有收藏原碑碎片的就交回来，以便将碑复原。曲阜居民就将收藏的碎碑交了回来，一共收回来108块，将其拼起来以后，刚好就是原来完完整整的那块碑。曲阜人不简单啊！鲁国是中国传统文化的发祥地啊！

匡合天下，济弱扶倾

桓公匡合，济弱扶倾。

下面是春秋五霸登台，五霸是齐桓公、晋文公、宋襄公、秦穆公、楚庄王，第一个就是齐桓公。齐国之所以能够成为春秋第一大国，不仅仅是因为地理位置好、有渔盐之利，最主要的原因是国家的文化底蕴深厚，人民的素质和修养高。上文提及姜太公帮助武王统一了天下，被封在齐地，姜氏一系发展出的文化，代表了传统的道家文化。周公被封在鲁地，周氏一脉保存了周代的人文文化，并发展出后世的儒家文化。因此，后世用齐鲁文化一词，代称中国传统文化。

齐桓公姓姜，名小白，任用管仲当宰相发展经济、富国强兵。齐国临海，于是就晒盐捕鱼，又发展商业，使齐国成为第一经济强国，类似今天的美国，难怪孟子、荀子等知名人士都要先来齐国看一看。

"桓公匡合"中的匡是匡正，合是汇合。齐桓公匡正天下之乱，汇合各路诸侯。《论语》里记载："桓公九合诸侯，一匡天下"，九次召开诸侯大会，像现在的联合国大会，他是秘书长，与各诸侯国一起制定盟约。要达到什么目的呢？就是"济弱扶倾"，要帮助救济弱小的国家，要扶植将要倾覆的周王室。周朝到了末期已经是名存实亡了，虽然如此，这杆大旗还是要举着，所以要扶倾。

齐桓公并没有说空话，他北伐山戎以救燕国，平定狄乱以助邢国、卫国，曾解周王室之祸，定周襄王之位。公元前 656 年，齐桓公率鲁、宋等八国的联军，征伐南方的楚国，迫使楚国签订了盟约，阻止了楚国的北进。齐桓公在位 43 年，先后纠合诸侯 26 次，真正是匡合天下、济弱扶倾。

绮回汉惠。

这里出场的是商山四皓和傅说，五位志士能人。

绮是绮里季，加上东园公、夏黄公、甪里先生，一共四个人。秦朝末期，天下大乱，这四个德高望重的老头儿，为避乱世隐居在商山，所以，人称商山四皓，皓是皓首白头，胡子眉毛都白了的意思。楚汉相争，刘邦想请他们出来辅佐自己打天下，无奈四个人都不干。刘邦建立汉朝以后，立了吕后生的儿子刘盈为太子，就是后来继位的汉惠帝。

刘盈生性懦弱，否则也不会让吕后反了天。刘邦看不上这位太子，就想废了他，改立戚夫人生的儿子如意为太子。吕后急了眼，就找张良出主意。张良就想方设法，请出商山四皓与太子刘盈同游。刘邦看到后，说，羽翼已成，难以动摇。于是就打消了换立太子的念头，刘盈这才保住了太子之位。刘邦死后刘盈继位，就是历史上的汉惠帝。以绮里季为首的商山四皓，帮助汉惠帝夺回了他太子的位子，故称"绮回汉惠"。

刘盈保住了太子位，吕后可恨死了如意和戚夫人。刘邦死后，吕后便做了太后，她令戚夫人穿上囚衣、戴上铁枷在永春巷舂米。戚夫人悲痛欲绝，作歌曰："子为王，母为虏，终日舂薄暮，常与死为伍！"吕后知道后就毒死了赵王如意，并下令斩断戚夫人的手脚、挖眼熏耳、喂以哑药，丢入厕所，称为"人彘"，并带儿子汉惠帝前来观看。刘盈一边痛哭，一边指斥吕后说："你如此残害戚夫人，狠毒如此，实非常人所能为。"惠帝身心受到极大刺激，从此一蹶不振，没几年就死了。

说感武丁。

"说感武丁"的故事见于《史记·殷本纪》。傅说是继伊尹之后，商朝第二位奴隶出身的贤臣。傅说是古代虞国（今山西省平陆县）人，出身奴隶，曾在傅岩一带劳动。

武丁是商朝第二十二位君主，在位五十九年。继位前，武丁被父亲送到下面去体验生活、增长才干，故而结识了傅说。傅说知识渊博，很有雄才大略，但他是奴隶身份，无法被重用。武丁继位做了商王，很想振兴殷商，苦于没有良相辅佐，就想到了傅说。但怎样才能让大臣们同意呢？武丁苦思冥想。

有一天上朝的时候，他说，我昨天夜里做了一个梦，梦见上天给我派了一个能臣，帮助我复兴殷商。这个人现在傅岩山修路，长得什么样子，等等，说得有鼻子有眼。商朝人都迷信，敬重鬼神，对武丁所说坚信不已，就在傅岩山找到了傅说。

傅说被拜为相，辅佐国政，实行了"治乱罚恶、畏天保民、选贤取士、辅治开化"等一系列政治措施，缓解了各种社会矛盾，很快使商王朝达到了鼎盛时期，史称"殷道复兴"。由于傅说是通过托梦，感传给武丁的，所以是"说感武丁"。

傅说年老后，武丁赏赐了很多财物，让他安度晚年，并辅导王室子弟们读书明理，颇受后人尊敬。山西省平陆县至今还保存有傅说当年的版筑遗址、傅说庙、傅说墓等古迹，供后人凭吊。

济济多士，文王以宁

俊乂密勿，多士寔宁。

正是由于以上这些仁人志士的勤勉努力，国家才得以富强安宁。

俊乂就是我们今天所称的人才，在古代"千人之英曰俊，百人之英曰乂"。一百个人里挑出来一个精英叫乂，一千个人里挑一个出来的叫俊，《尚书·皋陶谟》里有"俊乂在官"的话。密勿是勤勤恳恳的意思，《汉书·刘向传》里有"密勿从事"一句话。

"寔宁"的寔字，现代简化字将其等同于"实"字，但两个字并不完全相同。实字的繁体形"實"是会意字，从宀、从贯。宀代表房屋，贯代表货物，以货物充于屋下为实。因此实的本义是财物粮食充足、富有，引申义是真实、确实。

"寔"是通假字，既通"实"字，也通"是"字，此地的"寔"就是代词，通"是"字，有兹、此的意思。

"多士寔宁"的意思就是天下赖此多士以宁，这句话语出自《诗经·大雅·文王》的"济济多士，文王以宁"。如此众多的能人志士、如此众多的英雄豪杰，正是依靠了他们，国家才得以富强安宁。

总结以上六句话的意思就是：春秋时期，齐桓公多次纠合诸侯，救济弱小的国家，扶持将要倾倒的周王室。汉惠帝做太子时靠了商山四皓，才幸免被废黜，商君武丁因梦境所感而得贤相傅说。这些人物才能出众，勤勉努力，正是依靠了这样的贤士，国家才得以富强安宁。

重耳

晋楚更霸。

晋文公，名重耳，为晋献公之子。因献公宠爱骊姬，杀太子申生，他在外避难19年，后借秦穆公之力回国即位，时年已经62岁了。在位期间，他重用有才干的赵衰、狐偃等人发奋图强，国力日益强盛，出现了"政平民阜，财用不匮"的局面。同年，周王室发生内乱，周襄王出逃避难。晋文公利用这一机会兴兵勤王，护送襄王回国，提高了晋在中原诸侯中的威望。晋国在晋文公时代达到鼎盛，极盛时的晋国国土有山西中南部、河北南部、河南西北部和陕西的一部分。直到春秋末期的"三家分晋"，才有赵、韩、魏跻身战国七雄之列。公元前632年，晋、楚两国为夺霸主地位在城濮大战，楚国战败，晋文公当上了霸主。

　　五霸之中的楚国地域最广、人口最多、物产最丰，所以发展很快。根据历史资料记载，春秋时代的诸侯国先后有170个，楚国一国就先后吞并了170个国家中的40个。

　　公元前614年，楚庄王继位，执政三年，不发号令，终日郊游围猎，沉湎声色。伍举请猜谜语"有鸟止于阜，三年不飞不鸣，是何鸟也？"庄王答："三年不飞，一飞冲天；三年不鸣，一鸣惊人！"公元前611年，楚国发生灾荒，戎人骚扰，附属的庸国、麇国勾结百濮叛楚。庄王集中力量伐灭威胁最大的庸国，又吞并了麇国，控制住局面。此后，又极力整顿内政，任用贤才，厉行法治，加强兵备，使楚国出现一派国富兵强的景象。

　　公元前597年，楚庄王率领大军攻打郑国，晋国派兵救郑，在邲地（今河南郑州市东）与楚国大战，晋国惨败。公元前594年冬，楚、鲁、蔡、秦等14国在蜀（今山东泰安西）开会结盟，正式推举楚国主盟，楚庄王遂成为称雄中原的霸主。

　　公元前591年，楚庄王因病逝世，归葬纪南城郊。其儿子审继位，称楚共王。楚王墓、樊妃墓在今江陵城西北。郢城内原有庄王庙，今已废。

合纵连横

　　赵魏困横。

　　"赵魏困横"讲的是战国时期著名的说客苏秦、张仪所实行的合纵和连横的策略。苏秦、张仪与孙膑、庞涓都是战国时代人，同是鬼谷子王诩的学生，而且是肄业，即没有正式毕业的学生。孙膑、庞涓走了军事路线，苏秦、张仪走政治路线。半吊子学生本领都如此，可以想见鬼谷子的本领学问得有多大。

苏秦第一次的游说失败，回来后"头悬梁，锥刺骨"，苦读姜太公的《阴符经》，研究《三略》《六韬》等谋略学，一年以后再次出山。这次他改变策略，先从弱小的国家开始游说，说动了赵王、燕王，燕国更是提供他全部活动经费。最后连南方的楚国也被说动，结果是"并相六国"，当了六国的辅相。苏秦提出"合纵"战略，就是六国联合起来共同防御秦国，秦国敢犯任何一国，六国一起上。他提出的"合纵"战略受到普遍欢迎，六国都把副宰相的位置空着留给苏秦。合纵的结果是"秦人恐惧，不敢窥兵于关中，天下不交兵者二十有九年"（《战国策》）。苏秦后来在齐国被人刺杀而死，其弟苏代、苏厉继续他的路线。

六国合纵之后，秦国处于长达十余年的四面围困之中，秦惠文王很想改变这一局面，但苦无良策。就在这时，张仪拜会了秦王，陈述了连横破纵之策，秦王闻而心悦，肃然起敬，特拜张仪为上卿。

张仪是魏国人，是苏秦的同学。他胸怀大志，审时度势，善于通过权变立于不败之地。张仪认为，国与国之间应该和平友好，谁也不要侵犯谁，大家联合起来对付一个假想敌是不可取的。这样既不友好，而且是逼着秦与六国为敌。六国被张仪连劝带哄地说服了，都与秦国签订了互不侵犯条约，就像"二战"前的欧洲国家与跟希特勒签订友好条约一样，苏秦的"合纵"就被拆散了。秦国随之采取远交近攻、各个击破的策略，灭了六国，统一了天下。秦惠文王曾御诏"张仪为秦建功树勋如天之覆地之载，日月常昭，永著千秋"，封张仪武信君、采邑五城。

"连横"实施以后，秦国首先打击赵、魏，因为赵魏距离秦国最近，所以说是"赵魏困横"。被困于张仪提出的"连横"策略上。秦占据今天的陕西、甘肃、四川一带，赵占据今天河北南部、山西的中部和北部；魏在河南北部、山西西部和南部。

假途灭虢

假途灭虢。

假途灭虢的故事见于《左传·僖公二年》。虞国与虢国领土接壤,均在今天的山西省平陆县。晋献公向虞国借道去消灭虢国,其实在三年前晋侯就向虞借过道,攻占了虢国的领地下阳,此次是第二次借路。

虞国的大夫宫之奇,看出其中有阴谋,就力谏虢公说:"虢,虞之表也;虢亡,虞必从之。晋不可启,寇不可玩。一之谓甚,其可再乎?谚所谓'辅车相依,唇亡齿寒'者,其虞虢之谓也。"

宫之奇劝谏虢公说:"虞虢两家表里相依,是腮帮与牙床、嘴唇与牙齿的关系。唇亡则齿寒的道理,您不是不知道。晋侯的贪心不能放纵,晋侯的野心不得不防。"虞公说:"不会吧!晋侯与我是同姓同宗,哪能害我呢?"宫之奇说:"晋虞虢三家都姓姬,你们都是同一个祖宗。晋侯能忍心灭虢国,就不忍心灭虞国吗?"虞公又说:"不会吧!我祭祀很虔诚,鬼神一定保佑我的。"宫之奇说:"鬼神亲德不亲人,不修德政的祭祀是没有用的。"

虞侯不听劝谏,宫之奇说:"虞国算完了!"于是就率领全族人离开了虞国。同年十二月,晋国灭掉了虢国,回兵的路上把虞国也给灭了。

践土会盟

践土会盟。

践土会盟的故事发生在晋文公时期，晋献公晚年，晋国发生了内乱，公子重耳流亡国外19年，才有机会重回晋国即位，就是春秋五霸中的晋文公。他任用贤良、整顿政治、发展经济，使晋国的国势日渐强盛。他效法齐桓公的尊王政策，于公元前636年平定了周王室的内乱，使自己名声大振。此时齐国的霸业已经衰落了，南方的楚国欲问鼎中原，争夺霸主的地位。于是晋楚两军在城濮（今山东鄄城西南）大战。

晋文公下令退避三舍，以守当年流亡楚国时的诺言。刚一交手晋军便自败退，楚人不识是计，中了埋伏，被杀得大败。晋文公连忙下令，不再追杀。晋军占领了楚国营地，将楚军遗弃下来的粮食吃了三天，才凯旋回国。

僖公28年晋国打败楚国的消息传到周都洛邑，周襄王和大臣都认为晋文公立了大功，周襄王还亲自到践土（今河南原阳西南）慰劳晋军。晋文公也趁此机会，在践土召集诸侯会盟。就这样，晋文公凭借自己的实力，继齐桓公之后，成为五霸的第二位。

今天河南省荥阳县西北还有一个践土台，就是当年践土会盟的遗址。盟是会意字，其字形下面是个接血的盘盂，上面是个明字，表示在神前发誓，明志结盟的意思。古人是歃血为盟，歃血是在盟会时，喝一点牲血，或含一点在口里，表示诚意。以后发展成在嘴唇涂上牲畜的血，现代是割自己的血喝血酒，以示信守誓言的诚意。

以上几节讲的故事为了证明，春秋五霸有谋臣，战国七雄有策士，以示群英荟萃。

萧何与韩非

何遵约法，韩弊烦刑。

这两句话引出历史上的另外两个名士：萧何与韩非。

萧何是汉初三杰之一，是中国古代杰出的政治家和治国良相，曾与张良、韩信、陈平等人一起辅佐刘邦战胜了楚霸王项羽，建立了汉朝。他原是沛县丰邑（今属江苏丰县）人，《史记·萧相国世家》和《汉书·萧何传》都有记述他的事迹。司马迁评价他"以文无害""奉法顺流"，因萧何遵循简约的原则，制定了汉律九章，故称"何遵约法"。

公元前207年八月，刘邦进兵武关，赵高杀了秦二世，派人来接洽投降的事，条件是要封他为关中王。刘邦没有答应，赵高不久也被秦王子婴杀死了。十月，刘邦进军咸阳附近的霸上。秦王子婴见大势已去，就乘了素车白马，带着玉玺亲自到墥上向刘邦投降。刘邦一进阿房宫就不想再出来了，樊哙、张良再三劝说，刘邦才回兵墥上。《史记·高祖本纪》记载，刘邦还军霸上，召诸县父老豪杰曰："父老苦秦苛法久矣，诽谤者族，偶语者弃市。吾与诸约：先入关者王之。吾当王关中，与父老约法三章耳：杀人者死，伤人及盗抵罪。"刘邦只与关中父老约法三章，其余秦朝的法律一概废除，受到百姓的热烈欢迎。

汉朝建立以后，萧何负责制定法律。《汉书·刑法志》说他收拾秦法，"取其宜于时者，作律九章"。可见，汉律乃承秦律，秦律又是商鞅根据《法经》化法为律以后才逐渐发展而成的。汉朝初兴之时，本应一切从简，所以立法三章。"其后四夷未附，兵革未息，三章之法不足以御奸，于是相国萧何攈摭秦法，取其宜于时者，作律九章。"

韩非子

韩弊烦刑。

韩非子是战国时期法家的代表人物，刑名学派的大家，关于他的身世《史记·老子韩非列传》中记载得非常清晰。"韩非者，韩之诸公子也。喜刑名法术之学，而其归本于黄老。非为人口吃，不能道说，而善著书。与李斯俱事荀卿，斯自以为不如非。非见韩之削弱，数以书谏韩王，韩王不能用。于是韩非疾治国不务修明其法制，执势以御其臣下，富国强兵而以求人任贤，反举浮淫之虫而加之于功实之上。以为儒者用文乱法，而侠者以武犯禁。宽则宠名誉之人，急则用介胄之士。今者所养非所用，所用非所养。悲廉直不容于邪枉之臣，观往者得失之变，故作孤愤、五虫、内外储、说林、说难十余万言。然韩非知说之难，为说难书甚具，终死于秦，不能自脱。"

韩非本是韩国的贵族子弟，有口吃的毛病，不善于讲话，却擅长于著书立说。他和李斯都是荀子的学生，李斯自认为学识比不上韩非。

韩非看到韩国渐渐衰弱下去，屡次上书韩王，无奈韩王不纳。韩非痛恨治理国家不致力于修明法制，不能凭借君王的权势来管理部下，不能任用贤能之士富国强兵，反而任用夸夸其谈、对国家有害的文学游说之士，并且让他们的地位高于讲求功利实效的人。他认为，文人用文字钻国家法律的空子，游侠靠武艺违犯国家禁令。国家太平时，君主宠信那些徒有虚名的文人，形势危急时，又使用那些披甲戴盔的武士。现在国家养的人并不是所需要的，而要用的人又不养，所以写下《孤愤》《五蠹》《内外储说》《说林》《说难》等十余万字的著作。他的著作传到了秦国，秦始皇一见如获至宝，立即攻打韩国，为的就是要韩非。

韩非一到秦国，秦始皇即与他日夜长谈，非常喜欢他。秦朝制定和实施的各项政策，在很大程度上是根据韩非子的理论制定的。还没等始皇重用韩非，李斯、姚贾等人因嫉妒而毁谤韩非，说："韩非本是韩国的贵族后裔。现在大王要吞并六国，韩非到头来还是要帮助韩国的。如果大王不用他，再放他回去，这是自种祸根啊，不如以过法诛之！给他随便加个罪名，处死算了。"秦始皇以为此话有理，就下令有司给韩非定罪。李斯乘机给韩非送去了毒药，叫他自杀。韩非想要当面向秦王述说是非，又见不到。韩非悲愤交加，在狱中服毒自尽而亡。秦王下令后即悔，马上派人去赦免他，可惜韩非已经死了。

韩非子最终死在自己制定的烦苛的刑法之下，司马迁说他明知游说帝王之难，还写了部《说难》的专著，但他本人却逃脱不了游说君主的灾祸，所以称为"韩弊烦刑"。弊就是自弊，自己承受弊端的意思。

战国时期的四大名将

起翦颇牧，用军最精。

前面说到的都是文臣，现在开始说说武将了。"起翦颇牧"是战国时期的四大名将，也是中国历史上最著名的四大名将，就是白起、王翦、廉颇、李牧四位。白起、王翦是秦国的名将，廉颇、李牧是赵国的名将。

白起是战国第一名将，有战神之称，秦国眉县（今陕西眉县东）人。十六岁从军，历经70余战，从无败绩，是秦国的军事史上非常重要的人物，后受封武安君。白起一生共歼灭六国军队约165万人，故六国之兵闻白起之名而胆寒。据梁启超的说法，战国时代在战场上的直接死亡人数，大约有两百万人。白起一个人领兵就屠杀了一百六十五万人，可以想象他率军打仗有多么凶猛。像秦国与赵国长平一战，纸上谈兵的赵括统帅赵军，白起统帅秦师。赵括哪里是白起的对手，败得一败涂地，四十五万赵军人当了俘虏。如何处理这么多的人是个大问题。白起最后说，挖个坑埋了！可怜四十五万人全部被杀死，此后的赵国元气大伤，再也没有实力与秦国抗衡了。

王翦也很了不起，他是关中频阳县（今陕西富平县）人，曾率军破赵国都城邯郸，消灭燕、赵等国。最后又以秦国的优势兵力灭了楚国，对秦始皇灭六国，统一天下起了很大的作用。

京剧有《将相和》的故事，说的就是老将廉颇嫉妒上卿蔺相如。蔺相如的出身没有廉颇高贵，也没有什么功劳，只是代表赵国出使秦国，完璧归赵，才当了上卿。他因此看不起蔺相如，不但言语冲撞，走路也是每每蔺相如给他让路。有人问起此事，蔺相如说："我并非怕他，而是怕将相不合，给外寇以可乘之机。"老廉颇听到后很惭愧，亲自负荆请罪，才有将相和的故事。

李牧是赵国守边抗击匈奴的名将，曾奉命常年驻守在雁门，防备匈奴。为免除匈奴对赵国边民的袭扰，他廉洁奉公，"市租皆输入幕府，为士卒费"，因而深得士兵的拥护。同时，坚持慎重防守的方针，凭长城之险，加强战备。"习射骑，谨烽火，多间谍。"使匈奴数年一无所得，而赵军则兵强马壮，愿为一战。此时，他才选用精兵良马，巧设奇阵，诱敌深入。"大破匈奴十余万骑。"其后十余年，匈奴不敢寇赵。后人称李牧为"奇才"，并在雁门关建"靖边寺"，纪念他戍边保民的战功。

宣威沙漠，驰誉丹青。

这四位将军作战最高明，用兵最精当，他们的威名远播到沙漠边地，连塞北的胡人也敬佩不已，所以称为"宣威沙漠"。他们的肖像被画师用丹青妙笔画下来，永垂青史，这就是"驰誉丹青"。丹青本是作画用的颜色，此处有载入历史画卷的意思，因为汉朝有为功臣画像立卷的习俗，例如汉宣帝时将有功之臣的画像藏于麒麟阁，汉明帝时将这类画像藏于云台。

夏传子，家天下

九州禹迹，百郡秦并。

大禹是中国历史上"推位让国"禅让制度的最后一位受益人，禹以后开始了"夏传子，家天下"等历史。但这并不是禹的错，实在是除了禹的儿子启，再也找不到更合适的接班人，而且启是大家推选上来的，不是禹自己定的。

禹是一位很好的君主，孔子都说："我实在挑不出禹的过失。"他婚后第四天就治理洪水去了，一去就是十三年，曾三次路过家门而不入。特别是有一次刚好禹的儿子出生。禹硬是听着儿子的哭声不进家门，而且"一馈十起身，慰劳人间事，出外见罪人，下车而问泣"。禹在位27年，去世时享年100岁。禹治水累得腿胫上的汗毛都磨没了，又得了风湿病，弯腰驼背，根本迈不开步子走路。后世的书呆子有专门学走禹步的，他们不知道只有得了风湿才能走好禹步。

"九州禹迹"的第一层意思是说，中国九州之内都留下了大禹治水的足迹；第二层意义是，大禹治平水患之后，第一次开始丈量中国的土地。

百郡秦并。

秦始皇统一中国以后，将分天下为36郡，刘邦建立汉朝以后又将天下分为103郡，取个整数说，就是百郡。汉朝的百郡是在秦灭六国、兼并土地的基础上而来的，所以叫作"百郡秦并"。前面"户封八县"中提到县，这里有提到郡，就是古代两级区域行政管理单位，叫郡县制，大体相当于现在省县制的概念。

秦以前郡小县大，周时天下分为百县，一县下辖四郡，所以《春秋》各传上说：上大夫受县，下大夫受郡。秦以后郡大县小。县者悬也，或悬在郡的上面，或悬在郡的下面，是一级行政管理单位。秦汉以后万户县的长官为县令，不足万户的称县长，明清时候均为七品芝麻官。

唐朝以郡为第一级单位，下有州道县，宋时加入府一级，明清时期设有府道州县，其行政区域的划分又不一样了。

帝王的禅典

岳宗泰岱，禅主云亭。

岳指五岳，宗指宗主，五岳的宗主是泰岱。岱是泰山的名字，也叫岱山，因为位于山东泰安州，所以这里称为泰岱，简称泰山。五岳以泰山为尊，《诗经》就有很多歌颂泰山的诗句。孔子曾说过"登泰山而小天下"的名言，又在逝世前低声吟道："泰山其颓乎！梁木其坏乎！哲人其萎乎！"

历代的帝王在政权更替、新君登基的时候，都首先要来泰山举行祭拜天地的封禅大典，举行封禅大典的地方就在泰山、云山和亭山。祭天的仪式叫作"封"，封都在泰山举行；祭地的仪式叫作"禅"，禅在泰山脚下的云山和亭山举行。由于历朝的规矩不同，具体地点也就有异，例如三皇的封禅，羲农封在泰山，禅在云山；黄帝封在泰山，禅在亭山；尧舜都是封泰山，禅云山。云山在泰山的东南，亭山在泰山的南面，都离泰山很近，山很小。

封是祭天，要在泰山顶上搭起很高的土台子，烧起火来，对天（实际上是天下）表明自己的心迹，请天来见证并佑护，等于现代新任国家领导人的就职演说一样。谁是天呢？众人为天，闹了半天还是说给天下人听的。老天爷一是听不见，二是不爱听，换来换去的老搞这一套把戏，看得烦也烦死了。

封和禅一般都是同时举行，但是封重于禅。南宋以后，长江以北被金人占据，就无法封泰山了，于是改为封禅与郊祀合一。明成祖时在北京南郊建天地坛，合祭天地；嘉靖帝时在北郊建地坛祭地，南郊的天地坛改称天坛，专门祭天。

唐玄宗封禅泰山的时候，张说任"封禅使"，全权负责封禅大典的准备和仪式。张说大权在手，就乘机将女婿郑镒的官位从九品一下子升到了五品。玄宗很奇怪，就问郑镒是怎么回事。郑镒支支吾吾，讲不出口，旁边的人就为他打圆场说："此泰山之力也。"玄宗一下子没有听懂，那人就指了指张说。玄宗明白了，说："原来是岳父老泰山的功劳啊！"此后，老丈人就称为"岳父"，也就是"老泰山"了。

山高峻而谷幽深

雁门紫塞。

以下几句话描绘了祖国河山之壮丽，风景之秀美，是其他任何国家和地方都比不了的。以前我们是身在福中不知福，不觉得如此，现在全世界转了一圈，再回过头来确实体会到古人说的没错，风景最好的旅游胜地还是在中国，令人百看不厌。

你要看雄伟的关隘，首屈一指的是北疆的雁门关，因为《吕氏春秋》上说："天下九塞，雁门为首。"雁门山位于山西代县北境，属北岳恒山山脉，雁门关得名于《山海经》："雁门，飞雁出于其门。"为什么大雁要从其门飞过？原来雁门山群峰海拔1950米以上，周围群山峻岭环抱，只有过雁峰两旁有两道比较低矮的山口。大雁不能从其他处飞过，只能从这里经过，雁门关正好坐落在这个山口之上。相传每年冬去春来，南雁北飞，口衔芦叶，飞到雁门盘旋半晌，直到叶落方可过关，故有雁阵过关的奇景。

秦始皇统一六国后，曾派遣大将蒙恬率兵三十万，从雁门出塞，"北击胡，悉收河南之地"（即河套地区），把匈奴赶到阴山以北，并且修筑了万里长城。此后历代名将如卫青、霍去病、李广、薛仁贵、杨家将等，都曾驰骋在雁门关内外，保家卫国。自春秋以来直至20世纪，发生在雁门关前的战事，有记载的就有1000多次，可见它确实是兵家必争之地。北宋的徽、钦二帝是从这里被押走的，昭君出塞也是从这里离开的，多少古今故事都发生在雁门关。

你要看长城就要看在西北的"紫塞"，长城西起嘉峪关，东至渤海，全长一万二千华里。特别是西北一段尤为壮观，因西北植被少、地域辽阔，一望无际。其地表又多红土，车马过后腾起的烟尘，在阳光的照耀下红尘滚滚。尘埃中若隐若现的关塞真像梦幻一般，故称为"紫塞"。

鸡田赤城。

鸡田是古代西北塞外的地名，那里有中国最著名的，也是最偏僻的古驿站。古时通讯不发达，中央政府发布的政令、地方报给中央的文书都要靠人马一站一站地送，驿站就是传递文书的信使中途换马和休息的地方。中国最远、最古老的驿站就在西北的鸡田，今天的宁夏回族自治区的鸡田县。《全唐诗·萧至忠》中有"凉风过雁苑，杀气下鸡田"的诗句。

赤城是山名，是著名的浙江天台山奇峰之一。赤城山因土色皆赤，形如城堡而得名，每当晨曦高照，满山紫气氤氲，霞光笼罩，所以"赤城栖霞"是天台山八大景之一。赤城山高三百四十余米，在近郊四面青山中独树一帜，历来被看作天台山的南门和标志。天台又是佛教圣地，著名的智者大师就是天台宗的祖师。

昆池碣石。

"昆池"就是云南昆明的滇池，位于云南省昆明市的西南，是我国第六大淡水湖。滇池古称滇南泽、昆明湖，因其水似倒流，故称为滇（颠）。滇池的外形似一弯新月，湖面的海拔高度为1886米，高原之湖更是难得一见的风景。

古滇池有五百里方圆，清朝的孙髯称其"五百里滇池，奔来眼底"，四周群山环绕，湖滨土地肥沃，气候温和，是云南著名的鱼米之乡。战国时期的楚将庄𫏋曾率兵进驻滇池，以后"变服从其俗"，建立了滇国。滇池风光秀丽，碧波万顷，湖光山色，气象万千，是看池水的绝好去处。

"碣石"是河北的碣石山，位于昌黎县城北，距避暑胜地北戴河约30公里，自古就是观海的胜地。碣石山主峰为仙台顶，海拔695米，上有古

刹水岩寺，峭壁上仍有古代镌刻的"碣石"两字。

登临仙台顶，山海奇观尽入眼帘，几公里外的大海上，有两块突出海面的巨石，人称孟姜女坟。在这里出土了草云纹瓦当，经鉴定是秦汉时期的观海建筑的遗址，秦始皇曾在此入海求仙，汉武帝曾"行自泰山，复东巡海上，至碣石"。曹操曾在征伐乌桓回军的路上东临碣石，写下千古名篇《观沧海》，诗曰："东临碣石，以观沧海。"李世民出临榆关（今山海关）征辽时也曾几次临碣石观沧海，并有诗篇传世。

钜野洞庭。

钜野在山东的钜野县是著名的水泽，其中水草丛生，鱼虫很多。山东是古代的齐鲁之地，古时有很多这样的水泽、港汊、沼泽之地，像梁山水泊、钜野水泽都在山东。今天的山东钜野却旱得很，不用说泽水都没有了。这里说的钜野之泽早已干涸，成为历史典故了。

洞庭是洞庭湖，中国第二大淡水湖，跨湘鄂两省，面积为2820平方公里，号称八百里洞庭。范仲淹描述为"衔远山、吞长江，浩浩荡荡，浑天际崖，朝晖夕阳，气象万千"。与古代相比，洞庭湖的面积虽然缩小了多一半，但还是全国第二大湖，所以才有"洞庭天下水，岳阳天下楼"的说法。

洞庭湖古称"云梦泽"，是当年三国东吴都督鲁肃训练水师的地方。湖中有岛名洞庭山，因舜帝的二妃在此泣血染竹，故又名君山。上有二妃墓、秦始皇的封山印、柳毅井和传书亭、吕洞宾的朗吟亭，汉武帝的酒香亭等多处古迹。秀美的洞庭湖，那种天水一色、气象万千的景致是红尘中人永远看不够的风光。

旷远绵邈，岩岫杳冥。

在介绍了以上中国著名的风景圣地以后，作者用这两句话进行总结，就是"旷远绵邈，岩岫杳冥"，描写我们祖国的疆域辽阔，连绵遥远，山高峻而谷幽深，景致千奇百怪，变化莫测。同时也暗含着赞美中国的历史悠久，人文荟萃，诸子百家，蔚为大观。

旷远是幅员辽阔，没有边际；绵邈是连绵遥远的样子。岩是岩石，代表高山；岫是岩洞、山穴，代表山谷；杳冥是昏暗幽深，不可知不可测，神秘又令人向往。

俶载南亩。

俶是开始，载是从事，南是向阳的方向，亩是土地。"俶载南亩"就是说要在向阳的土地上开始从事农作了、开始种地了。如果查查字典，开始从事某种工作叫俶载。

南亩是指向阳的耕地，《诗经·豳风·七月》里面有"七月流火，九月授衣""同我妇子，馌彼南亩"的诗句。

亩是土地测量单位的量词，时代不同，亩的数量单位大小也不一样。上古时代（先秦）宽一步，长百步为一亩，六尺为一步，如《孟子》书中说："五亩之宅，树之以桑。"按秦制，240步为一亩，现代的一亩为60平方丈，合667平方米。十分地为一亩，一百亩为一顷。古今时代不同，度量衡的单位也有所变化。

周朝的农业，全国耕地的管理采取"井田制"，大约100亩耕地为一井，平分为九块，形如井字，为八户人家所有。井字中间的一块为公田，属诸侯所有；其余的八块为私田，每户各一块。干活的时候，先公后私，干完了公事再做私事，所以"大公无私"是非常可敬的。

我艺黍稷。

我指的是我自己，艺是种植的意思。我们常说的园艺一词，其中的艺不是说园林艺术，而是种植、栽培的意思。

黍稷是古人最主要的两种粮食作物，黄米（黏米）叫黍，谷子（小米）叫稷。黍稷在此地就代表了五谷，中国人讲究五谷丰登。《三字经》里提到六谷："稻粱菽，麦黍稷"，为什么又出来六谷了呢？讲五谷不包括稻米，中国在上古时代没有稻子，稻子是后来从南方引进的，中国北方早期没有稻子，只有"粱菽麦黍稷"五谷。

中国浙江省余姚县的河姆渡遗址，出土有此五谷的种子。通过用同位素炭14测定年代，这些五谷的种子距现在有多少年呢？7000年左右的新石器时代。这也证明了，中国以农业立国的历史太悠久了，至少有7000年。

赋与税

税熟贡新，劝赏黜陟。

庄稼熟了，把新收获的庄稼交给国家叫作纳税，所以税是禾木旁。如果我们查查《说文解字》，可以查到：敛财曰赋，敛谷曰税，因此赋和税是两个概念。缴现金的为纳赋，赋字是贝字旁。上古人类主要活动于黄河流域，见不到大海，贝壳很稀少故此用来作流通的货币，像今天的铜板、纸币一样。贝壳上打洞，用绳子串起来，五个一串叫一系，二系十贝叫一朋。老友来了，在脖子上挂两串贝壳去喝酒，就叫"朋"友，所以汉字中的财、贵、贱、赛等与钱财有关的字都是贝字旁。缴纳现金的叫赋，缴纳谷物的叫税，二者完全不一样。

庄稼收割下来了要把打下来的新粮食作为税缴给国家就是"税熟贡新"。税和贡两个字又不一样，由下位献上叫作贡，由上位向下面收叫税。缴税要贡新粮，国库的存粮一般都要存三年。市场上买到的都是陈米，一不香，二没有油性，因为不是新米。粮仓的大敌是水火再加老鼠。每屯藏粮都要用红笔标明因老鼠造成的自然耗损数字，写成"耗字多少"，因此老鼠又叫耗子。

劝是勉励，赏是奖赏，黜是惩罚，陟是晋升。"劝赏"是对农户的奖惩制度，"黜陟"是对政府官员的撤职、升迁制度。要客观地按照务农的成果和纳税的情况，对农户予以奖励或惩罚，对有关的官吏也要据此予以职务或升迁。

天圆地方

孟轲敦素，史鱼秉直。

孟子，名轲，山东省邹县人，是儒家的亚圣。古时候读书不敢直呼圣人的名讳，要挨板子打的，碰到圣人的名字，要读"某"，所以这里就要读"孟某敦素"。读《论语》也是一样，如读到"丘也不敏"，我孔丘并不聪明，这一句不敢读丘，不能直呼其名，要读"某也不敏"。当然现在不讲这一套了，但是规矩要懂，传统要明白。

敦是推崇、崇尚，没有染过色的丝是生丝，叫素。前面讲过"墨悲丝染"，白色的生丝就是素，无字的石碑叫素碑，引申义就是质朴、纯真、不加装饰的意思。"孟轲敦素"的第一重意思是说，孟子崇尚质朴的本色。第二重意思是要我们恪守伦常之理，素位做人。素位就是你的本位，是你做人的本分，我们应该是在什么位置行什么道，在什么山上唱什么歌。越位而行，劳而无功，为智者所不取。

史鱼是与孔子同时代的人，他是卫国的大夫，也是著名的史官。史鱼为人正直，看不得朝中的丑恶现象，这也正和他史官的职位相称。史鱼以正直敢谏闻名，他的君主卫灵公并不是一个贤明的君王，且信用宠臣。当时卫国朝中的群臣都不敢讲话，怕受打击迫害。史鱼就不这样，即便是卫灵公有毛病，他也照说不误。直至临终前，史鱼还是在讲真话，给卫灵公提建议，罢黜佞臣，任用贤士。所以，孔子在《论语》里称赞说："直哉！史鱼。邦有道如矢，邦无道如矢。"不管环境如何，无论社会动乱还是安定，他的言行永远都像箭一样，尖锐而正直。禀字的本义是赋予、给予，引申义才是秉受、天生的意思，所以，"史鱼禀直"就是说史鱼有坚持正直的品德。

我们不要曲解孔子的话，"直哉"是说一个人做人要心地方正、端直，不可以圆滑，但处众办事要圆融，要注意方式方法。说话办事也直来直去，别人就接受不了。《易经》中也反复强调"天圆地方"，众人为天，天圆就是处众要圆融，要有智慧；心田为地，地方就是心地方正，要有操守，我们千万不能错会了圣人的用意。

中庸之道

庶几中庸，劳谦谨敕。

庶几是差不多、大概的意思。"庶几中庸"，这就差不多中庸了，近乎中庸之道的标准了。中庸是儒家学说理论中很重要的一部分，孔子在《论语》里面提出："君子中庸，小人反中庸。"孔子的孙子子思，根据对这句话的理解和体会进行发挥，写了一篇论文，就是现在我们读到的《中庸》。这篇文章与《大学》原是《礼记》中的两篇，宋儒朱熹将其抽出与《论语》《孟子》放在一起，并称"四书"。

《三字经》中说："作中庸，子思笔。中不偏，庸不易。"什么是"中"呢？中不偏，不偏是中。任何事情都有三个方向：左、右、中；好、坏、不好不坏。我们不取好，不取坏，取一个中。有人说中庸就是耍滑头、是老奸巨猾，其实中庸根本没有耍滑头意思。中庸不是和稀泥，不是不讲原则的好好主义，而是既听了你的意见，也听了他的意见，综合你们意见中合理的部分，然后采取一个切实可行的办法。不走左，也不走右；不过，也非不及，这才是中庸。孔子作了一部历史，叫《春秋》，为什么不叫《冬夏》呢？因为冬冷夏热，冬短夏长，都有所偏颇，所以不取。只有春秋才是冷热均匀，长短一致，可以作为标准来评判历史，这也是为什么称史为鉴。鉴是镜子，以史为鉴可以知兴衰，明因果，这才是中。

庸的意思是庸常，普普通通、平平淡淡。古人常说：没事别找事，平安就是福。我们现代人都不甘于寂寞，要来点激情，要异峰突起、来点儿刺激。偶尔来一下固然可以振奋精神，但做人处事，居家过日子，一定要中庸，该吃饭吃饭，该睡觉睡觉，这是最平庸的，也是最正常的、最健康的，是我们做人做事的根本。

一个人要有像孟子推崇的那样质朴的本色，又要有像史鱼一样方正秉直的品德，就差不多达到中庸的标准了。前文讲过，直指的是人内心要方正，要端直，内直并不等于外表见棱见角，说话直来直去。你看古代的铜钱外圆内方，也是提醒你心性要方正，处事要圆融。说话直来直去，举止棱角分明，会伤人坏事。

庶几中庸是差不多近乎中庸了，为什么说差不多呢？因为只有敦素、秉直还不够中庸的标准，还有四点要做到。那就是下一句的"劳谦谨敕"。劳是勤劳、勤勉，谦是谦虚、谦逊，谨是严谨、小心；敕是检点、不随便。如果我们能保持本性的质朴，保持内心的方正，再能够勤勉、谦逊、谨慎、检点，这才是合格的中庸标准。

儒家学说之所以宝贵，在于它提出的做人处世的原则都是我们能够做到的，做不到的孔子绝对不说，因为说了没用，只好"存而不论"。

相学

聆音察理，鉴貌辨色。

聆是聆听，但聆和听不一样。聆是仔细听，十分专心地听，而听只是一个泛泛的听的动作。听别人讲话要仔细地听，就是聆音。察是审察、考察，理是话里面的道理，话里面深一层的含义。俗话说"听话听声，锣鼓听音"，就是这个意思。这个人说的话，要表达的真正含义是什么，一定要搞明白。古人很含蓄，表达问题的方式也很婉转，我们读古书时就会发现，在很多情况下都是"假语存"而"真事隐"。《庄子》一书寓言占了十之七八，如果不懂得聆音察理，不但书读不懂，还会闹出笑话来。

鉴的本义是铜镜子，有观察、鉴别的意思在里面。貌是一个人的容貌和外表，包括了言谈举止、动作表情。"鉴貌辨色"是说，通过观察人的容貌来辨别他内心的活动，因为有其内必有其外，由此发展出中国文化的另一支，就是相学。

相学，又叫风鉴之学，里面有大学问，绝不是随随便便读几本麻衣、柳庄就算懂了。那是相术，是江湖术士用来糊口的玩意儿，相学则是博大精深，非有大智慧，否则一辈子连门也入不了。古代做官的都多少懂一点，断案问审不会察言观色怎么能行呢？是不是惯犯、有没有前科、是好人歹人，一眼得能看出个大概，像曾国藩用人看一眼就知道其人能干什么。他挑选湘勇组建湘军，有个鉴貌辨色的"三字诀"：黄、长、昂。黄是面色黄，俗话说：小白脸儿没好心眼儿，土色黄才是种地人的本色，这样的人忠厚、听话。长是手脚要长大，这样的人有力量、有耐力，跑起来还快。昂是精神旺盛、气宇轩昂，这样的队伍有斗志，打不垮。所以，曾国藩能成功绝对不是侥幸的，他是清朝中兴人物之一，也是清朝新儒家学派的扛鼎人物。

立身处世

贻厥嘉猷，勉其祗植。

贻的本义是赠送、送给，引申义为遗留、留给，直接把它当作通假字，看做是遗留的遗字也可以；厥是代词，是其、他的什么什么；嘉是美好；猷者谋也，即谋略的谋字。"贻厥嘉猷"就是将其美好的谋略遗留下来，指的是祖先要把自己的经验、自己的嘉猷、忠告遗留给子孙后代。

历代先贤都有宝贵的家书、家语遗留下来，例如《了凡四训》《周公诫子书》《诸葛亮诫子书》《曾国藩家书》等，不胜枚举。这些家书、家语早已超越了家族的概念，是我们中华民族的家语，是中国传统文化的一部分，字字都值千金。

"勉其祗植"的勉是勉励，其是代词，指代子孙后辈，"勉其"就是勉励子孙后代。祗是恭敬，植是树立，树立什么？子孙们要立身、立命。"勉其祗植"就是勉励子孙们要谨慎小心地立身处世。

对比之下，我们留给子孙的是什么？是多多益善的金银财宝，因为我们怕子女不成器，怕他们受苦。但是我们要明白，子女是父母的命，你积财给子孙就是从心里已经认定他们不会成才，也就等于变相地希望他们不成才。种了这样的因，子孙会得到什么样的果报就十分清楚了。他们守着钱财坐吃山空，什么也不会，等他们老了钱也用光了，又没有本领，你让他们怎么办？古人说："糊涂的爷娘，败家的儿郎"，这话说得并不过分。

省躬讥诫

省躬讥诫。

省是反省，躬是自己的身体，引申义为自己、自身，反省自身。《尚书·尧典》里有两句"朕躬有罪，无以万方；万方有罪，罪在朕躬"的话，常被后世帝王引用，是不是真话就很难说了。果真能做到一身担起天下人的不是，不但自己的错误不推卸责任，百姓或下属的失误，也由我一人来承担。这才是大慈、才是孔子讲的仁，这样的人就是圣人，就是"我不下地狱，谁下地狱"的地藏王菩萨。

讥是讥讽、嘲笑；诫是告诫、劝慰。听到别人的讥讽嘲笑、规劝批评要好好地自我反省，有则改之，无则加勉，不要急赤白脸地分辩，就是"省躬讥诫"的意思。

不是自己的过错，别人说也没有说你嘛，真是自己的错就一定要感谢人家。古人说：天堂的人闻过则喜，苦海的人文过饰非，地狱的人闻过则怒。我们是哪一界的人，不用等死了以后，现在不就清楚得很吗？

一荣俱荣，一辱俱辱

宠增抗极，殆辱近耻。

荣辱是我们每个人一生中都会遇到的顺境和逆境。荣宠、尊荣是多数人追求的目标，所谓"洞房花烛夜，金榜题名时"，是人生的高潮。辱是外辱，外来的他人的污辱，是一个人倒霉难堪的低潮时期。人是一荣俱荣，一辱俱辱，祸不单行。人在倒霉的时候是墙倒众人推，位置爬得越高，跌得也越重。

荣和辱是一对，有荣就有辱，所谓荣辱与共。不愿有辱的结局就不要拼命追求荣，荣来了，辱也就同时到了。老子对此看得非常清楚，老子说："宠辱若惊，贵大患若身。"宠辱都不是好东西，哪个来了都吓我一跳，跟大病在身没什么两样。明白了这个道理，就不要"宠增抗极"。

抗是通假字，通亢；极是极限。荣宠增加到了极点，物极必反，宠就变成辱了，所以说殆辱近耻。乾隆的宠臣和珅还不是宠增抗极吗？乾隆对他的荣宠无以复加，人称他"二皇帝"，结果是乾隆死后第二天就开始清算他，第十三天他就被赐死了。真是"生前只恨聚无多，及到多时人去了"，最终弄了个"和珅跌倒，嘉庆吃饱"。

殆是时间副词，表示将要、迫近的意思。耻辱还不一样，内心的羞愧为耻，外来的欺凌为辱。《论语》有"恭近于礼，远耻辱也"一句。无礼就会变宠为辱，外有辱，内必有耻，耻辱就一起都来了。感觉到势头不对劲，要倒霉，怎么办呢？有没有办法避免呢？有啊！那就是"林皋幸即"。

林皋幸即

林皋幸即。

林是山林；皋是水边之地。庄子说过："山林欤！皋址欤！使我欣欣然而乐欤！"(《庄子·知北游》)"林皋幸即"就是赶快退隐山林，辞官别做了。这个时间、空间既然已经不属于你，就赶快退隐，还能幸免于难。幸就是庆幸、吉而免灾；即是接近、靠近的意思。

古代做官，官场如战场，伴君如伴虎，事事处处都得临深履薄。一个不检点，自己受辱事小，家族、老师都要跟着受牵连，责任就大了，所以一见势头不对，就要准备辞官下野，退归林泉，做隐士去了。古代这样的例子太多了，看看《隐士传》就明白了。下一句的"两疏见机"就是一个很好的例子。

疏广、疏受

两疏见机，解组谁逼。

两疏是汉宣帝时候的疏广、疏受叔侄两个人。此二人曾为太子太傅与太子少傅，是皇帝的两位老师，位高名显。二人怕树大招风，只干了五年就主动告老还乡，荣归故里，人皆高之。机是机兆、先兆，是事机萌动，但还尚未发出之时的微小状态，《易经》里就有"几者动之微，君子见机而作"的话。

解是解除；组是组绶的简称。组绶是一种丝质有刺绣的缎带，窄的叫组，宽的叫绶。古代常用来拴在印纽上，或用来拴勋章。后世有受勋，用不同颜色的绶带挂在胸肩等部位，以示自己的官阶、品级，像袁世凯的大元帅服，绶带颜色挂得快开染坊了。

解组是将组绶解下来，表示辞官不干了。"谁逼"是有谁逼你了吗？没有，是自己辞官不做的。疏广、疏受叔侄见到事情苗头不对，就见机归隐，辞官不做了。

归隐以后的生活是什么样子呢？下面一段话很有意味、很美，文学意境极高，是《千字文》里文学意境最高的几句话。我们读的时候也要能随文入观，随着文字的描写，我们的视野要随之在字里行间展开，像摄影机的镜头一样，时而是长镜头的远眺，时而是近距离的特写，才能体验诗文的美和读书乐的享受。

耐得住寂寞的人才能成大事

索居闲处，沉默寂寥。

索居是一个人独处，索是萧索、冷冷清清，闲处是无所事事、清静悠闲。沉默是沉静、不多讲话；寂寥是心中空空洞洞、没有杂念。

两句话连起来意思是：离群独居，悠闲度日，不谈是非，何等清静。这是人常说的"享清福"。但世间的洪福好享，清福不好享。整天高朋满座，胜友如云，车水马龙，儿孙绕膝，忙不完的事，待不完的客，这是洪福。一旦退下来，"结庐在人境，而无车马喧"，到了屋内形影相吊，屋外叶落鸟鸣的时候，大多数人都受不了，"享清福"享死的人不在少数。为什么呢？你的修养不够，定力不够。

前面讲过了，"性静情逸，心动神疲。守真志满，逐物意移。"内心追逐外物习惯了，又没有修心的训练，内心守不住，没有定力。能耐得住寂宽的人才能成大事，能够享受孤独的人才有真享受。当然，这与一个人的性格有很大的关系。

逍遥

求古寻论，散虑逍遥。

"求古"是探求古人古事，"寻论"是读点至理名言，所获得的结果就是"散虑逍遥"，可以排除杂念，自在逍遥了。为什么呢？因为"鸟随鸾凤飞腾远，人伴贤良品自高"，更何况"德能养性，理能养心"，如能坚持用圣贤之言洗涤自己的心灵，"散虑逍遥"是一定的。

散是驱散、放逐的意思；虑是心中的忧虑、杂念。逍遥是自由自在、无拘无束、悠然自得的样子。庄子最善于"逍遥游"，所谓逍遥于六合之外，游戏乎太虚之间。上下左右前后为六合，到宇宙之外去逍遥，到形而上的太虚去做神仙，那才是真逍遥、真自在。

满招损，谦受益

欣奏累遣，戚谢欢招。

欣是欢欣、喜悦；奏者进也，奏的本义为送上、奉献，臣子呈给皇帝的本章称奏章；累是心中的牵挂、剪不断理还乱的烦心事；遣是排遣、排除。戚是心中的忧虑、悲哀；谢是分离开、拒绝的意思，花开败了不是叫谢了吗？招是招致、招募、聚集的意思，如《易经》里的话"满招损，谦受益"。

世人之所以有戚、有累，还不都是自己找寻的，能怨天尤人吗？人的五官是我们的信息寻感器，神经系统是传感器，大脑是存储器，但是我们每天都在搜寻、传导、存储些什么呢？都是些垃圾，都是别人的不对、社会的不好，家人的不是。总之好东西你总也见不到，别人的垃圾你倒收了不少。报纸、杂志、广播、电视、中国的、外国的，凡是垃圾统统回收，白天收不够晚上还要加班上网络上去收，你是"破烂大王"。

这些脏东西传感进来，让我们心里阴沉、寒冷，时间久了就会生病，非用"暖心丸"治不好。什么是暖心丸？就是前面我们讲到的仁爱之心、仁慈之心、恻隐之心。如果能够处处找别人的好处，事事发现别人的优点，就能聚阳光，就可以暖心，就能解冻"冷酷的心"，就能享受"欣奏累遣，戚谢欢招"了。

喜悦一增添，牵挂就排除了；烦恼一丢开，欢乐就到来了。

春夏秋冬

渠荷的历，园莽抽条；枇杷晚翠，梧桐蚤凋。

"渠荷的历"，渠水所居也，水停之处为渠，此处指水塘。的历是花开得光彩灿烂的样子。三月的桃花，六月的荷花，池塘中六月的荷花开得那么鲜艳，光彩照人。

荷花又称莲花，是植物中最特殊的一种，东方文化将其视为吉祥物，佛教特别将其作为标志。儒家也推崇荷花出污泥而不染的品德，宋儒周敦颐专门写有《爱莲说》，称赞"莲，花之君子者也"。古人也有"留得残荷听雨声"的诗句。

莲花的可贵之处，一是处染不染。泥水越污浊莲花开得越美，象征着世道越乱，越能造就一个人。古今中外的圣贤，没有一个不是生于乱世。

孟子也说："人是生于忧患，死于安乐。"一点也不假。

莲花的可贵之二是花果同时。荷花开了，花芯即是莲蓬，花蕊就是莲子，象征着宇宙间因果同生，祸福与共。老子说，我们这个世界是相对的世界，既然是相对，一切事物、一切现象就都是两两成双，共生共存。没有坏就没有好，没有恶也就没有善，没有祸也就没有福。所以，老子才说："善人者不善人之师，不善人者善人之资。不贵其师，不爱其资。虽知亦迷。"善人是恶人的老师，恶人是善人的资源。没有恶人，善人从何而来？没有善人恶人如何才能改恶从善呢？不放弃世间的恶人，能够帮助他们站起来的就是佛。

"园莽抽条"，园是园林、园圃；莽是草木茂盛、莽莽苍苍的样子；抽条是草木的拔枝、长出新枝嫩芽。园林里的草木抽出了新的枝条就是这个意思。有植物学常识的人都知道，木本植物春天会抽条长叶，草本植物会拔节，尤其是在农村待过的人都有体会，庄稼有拔节追肥期，拔节之后就要秀穗了。老农民最幸福的时刻一是秋收，二是听稼禾拔节的声音。在明亮的夜晚蹲在地头，抽上一袋烟，聆听麦子、水稻"咔咔"的拔节声，像听孙儿哭笑一样，享受至极。

竹子拔节也"咔咔"响，竹笋更是猛然间破土而出，吓人一跳。老人们都不让小孩子去竹林里玩，特别是不许在竹林里大便，说是有蛇。哪里是有什么蛇，是怕破土而出的尖笋刺了小孩子的屁股，说有蛇他就害怕，不敢去了。

"枇杷晚翠"，枇杷是枇杷树，植物学上属蔷薇科常绿的小乔木。枇杷果甘酸润肺、止渴、下气。枇杷叶可以清肺和胃、降气化痰，是枇杷膏与青草茶的主要原料。古代隐居的人没有条件喝茶叶水，就用枇杷叶煮青草茶，烧焦枣茶，炒大麦煮麦香茶，味道更淳朴、更自然。

枇杷树的叶子一年四季都是绿油油的，不会凋谢，所以说"枇杷晚翠"。到了冬天晚景了，枇杷叶子还是那么青绿，还是苍翠欲滴。

"梧桐蚤凋"，梧桐树是应秋的树，对应着立秋的节气。立秋一到，梧桐树的叶子准有一片先落地。成语中"落叶知秋"就是指梧桐树说的。蚤凋的蚤是通假字，等于早晚的早字。立秋是在阴历的八月，天气还很热，立秋后面还有一个节气叫处暑。俗话说"晚立秋，热死牛"。夏天还没过完，梧桐树就落叶了，所以说它早凋。

梧桐树开花也很奇特，其他树都是先长叶后开花，梧桐树却是先开花后长叶，花开喇叭状，内有两条长蕊。法国梧桐是世界知名树种，树冠大，用作人行道两侧的遮阴树最适宜。光绪十三年，清政府曾拨银1000两从法国购买梧桐树苗。现在上海静安公园的梧桐树群就植于1897年，是中国少有的古梧桐树群。

四句话写了四个景，春夏秋冬。春天是园莽抽条，夏天是渠荷的历，秋天是梧桐早凋，冬天是枇杷晚翠。这是四幅非常优美的自然风景画，不知道大家是不是能观想得出来。

鹍和鹤

陈根委翳，落叶飘摇；游鹍独运，凌摩绛霄。

陈根是老树陈根；委是枯萎，衰败；翳是荒芜、暗昧，枝叶遮盖的意思。陈根老树枯萎倒伏，落下的树叶在空中随风飘荡。

再猛地一昂头，看到空中"游鹍独运，凌摩绛霄"。远游的鹍鸟在空中独自翱翔，一个高飞，冲到紫红色的云上面去了。独运、绛霄四个字用得准确、贴切，且合典。

常常有人用《庄子·逍遥游》里面"鲲鹏南涉"的寓言来解释这里的鹍字。庄子的气魄更加庞大恢宏，他说的鲲是一种大鱼，"北溟有鱼，其名为鲲。鲲之大，不知其几千里也。化而为鸟，其名为鹏。鹏之背，不知其几千里也。"这个叫鲲的鱼大得很，不知道有多长，鲲一变成为大鹏鸟，鸟的背也不知道有多大。但是，这里的鹍字是鸟字旁，是长得像鹤一样的一种大鸟，不是大鹏。

鹍和鹤都喜欢独居，性情孤傲，没有一群鹤在一块的。鹍可以飞得很高，所以这里说游鹍独运，同时也对应前文的"索居闲处，沉默寂寥"，衬托出君子和而不同，群而不党，处染而不染的操守。

凌是向上升高；摩是迫近、接近，如摩天大楼；绛是紫红色；绛霄是紫红色的云气，又叫紫霄。"凌摩绛霄"的意思就是高飞接天，直冲九霄。

紫霄宫是传说中神仙所居之地，是九霄中的第八层。九霄分为神霄、青霄、碧霄、丹霄、景霄、玉霄、振霄、紫霄、太霄。越往上，神仙的功力和道行越高。九霄之上还有九天，层层递进，《神仙传》里对此描述的很具体，也很热闹。

一心只读圣贤书

耽读玩市，寓目囊箱。

"耽读玩市"是在嘈杂的市场里还能潜心读书，对外面的一切境界充耳不闻，这个典故说的是东汉学者王充。"寓目囊箱"也是说，在王充眼里只有书囊和书箱，除此而外，视而不见，听而不闻。

王充是东汉著名的唯物论思想家，字仲任，会稽上虞（今浙江上虞）人。早年曾入太学受业，师事班彪，博通百家言。年轻时游学洛阳，因家境不富，买不起书，便经常到书肆站立着读书，可以过目成诵。他曾做过小官，但不久就辞官回乡，一面教书，一面著书立说。他以毕生心血写下四部哲学巨著：《讥俗》《政务》《养生》《论衡》，但保留下来的只有《论衡》一部。

《论衡》八十五篇，是王充用了三十年心血才完成的，被称为奇书。公元189年蔡邕来到浙江，看到《论衡》一书如获至宝，密藏而归。蔡邕的友人发现他自浙江回来以后，学问突有大进，猜想他可能得了奇书，便去寻找。果然在他帐间隐蔽处发现了《论衡》一书，抢了几卷就走。蔡邕急忙叮嘱："此书只能你我共读，千万不要外传。"友人读后亦称，此乃奇书也。

不要轻视小事

易輶攸畏，属耳垣墙。

易是轻易、疏忽；輶是一种很轻巧的车子，有轻忽、轻率的意思。对一些小事很容易轻视、疏忽叫"易輶"。"攸畏"是所畏，有所畏惧。不要轻视小事，不要疏忽很容易的事情，人往往是在阴沟里翻船，一定要重视，这就是"易輶攸畏"。例如讲话时要小心，不能旁若无人。为什么呢？因为"属耳垣墙"。

属的本义是连接，有关联。耳是耳朵，耳朵与墙是连着的。什么意思呢？隔墙有耳，讲话要小心，要有所畏惧，不要旁若无人。垣是用土坯垒的矮墙，这两句话，语出《诗经·小雅》"君子无易由言，耳属于垣"一句。修辞上属于引经，但没有注明出处，所以是暗引。

中国人的劣根性之一就是爱打探别人的隐私，"张家长李家短、七个碟子八个碗"，凡事都爱包打听。扒窗台、听墙根是常有的事，尤其古代是土坯墙，挖个洞就可以属耳，更方便。老人们常说："屋里说话外边有人听，树下说话树上有人听，大道上说话草窠里有人听"，现代观念叫"保密"，所谓"君不密则失臣，臣不密则失身，凡事不密则害成"，不能不小心、不谨慎。

饮食的学问

具膳餐饭，适口充肠。

下面几句话讲的是我们普通的居家生活。具是动词有准备，料理的意思；餐在古汉语中也是动词，有吞食的意思，如餐风饮露；膳、饭是同一类概念，是不同的饮食种类，含义不一样。膳字带个肉月旁，肉食为膳。五谷煮的素食叫饭。我们平头百姓说吃饭，家常便饭，帝王叫传膳，钟鸣鼎食。我们吃饭的长寿，帝王进膳吃肉的短命，如果那时可以验血的话，进膳的一定都是"三高"（高血压、高血脂、高血糖）。

"具膳餐饭"说的是荤素饮食的准备，要注意两个原则：一个是适口；一个是充肠。适口是可口、咸淡适宜；充肠是能吃饱。人的饮食越简单，身体越健康，所以我们在饮食上能适口充肠就可以了，千万不要浪费，不要奢侈。

适口是因人而异，因地制宜，没有统一的标准。饮食上的五味是要根据空间和时间来调整的，所谓冬不吃夏物，北不餐南食。你非要冬天吃西瓜，鸡命吃鸭食，就有违养生之道。五味大致上的分类就是南甜北咸东辣西酸，不注意就会水土不服。山西人爱吃醋，因为山西水土碱性大，酸碱中和，所以叫西酸。山东近海，潮湿寒冷，所以山东人吃葱蒜像吃巧克力一样，叫东辣。湖南人用大辣椒哄孩子，小孩子自小就被辣得昏天黑地。

由地域和五味的不同，形成鲁、川、粤、淮阳四大风味，再发展出山东、四川、湖南、江苏、浙江、安徽、广东、闽南八大菜系，以及煎、煮、蒸、炸、熬、炒、扒、熘、炖等烹调手艺。这又是我们中国文化的一部分，博大精深的"饮食文化"。烹饪在五行八作里面属"勤行"，厨子的祖师爷是伊尹。但是为了这口腹之欲，人这个永远也填不满的大漏斗，不知吃绝了多少物种，这是口福还是口祸呢，真是说不清楚。

饱饫烹宰，饥厌糟糠。

"饱饫烹宰"是说，吃饱了以后，再好的东西来了也不想吃了。饫是因为吃饱了而厌倦，不想再吃了叫饫。烹是水煮，宰是宰杀。烹宰是肉食的准备。吃饱了还杀鸡炖鱼的干什么呢？

"饥厌糟糠"是说，没吃的时候，有糟糠也就满足了。厌是满足的意思，如《论语》中孔子的话："学而不厌，诲人不倦，何有于我哉？"糟是酒渣，古代没有提纯技术，酒不过滤，这样的酒也称为糟。现在南方也还盛行吃醪糟酒，淮扬菜里也还有糟鱼、糟鸡等名菜。糠是谷子的外壳，用作饲料。掺糠使水是古人形容奸商的行为，今天换成假冒伪劣了。

过去曾流行吃"忆苦饭"，一个糠窝头，一碗猪菜汤，多了还没有。麸子窝头挺香的，现代营养学还提倡吃，富含维生素B族。

糠就难吃死了，像锯末一样，不用猪菜汤往下送根本就难以下咽。糟糠就是指粗劣的食物，代指艰苦的生活，以后专指共过患难的妻子为糟糠之妻。如苏东坡言："居富贵者不易糟糠。"

实际上这两句话连起来的意思，就是俗话说的："饿了吃糠甜如蜜，饱了吃蜜也不甜。"

亲戚故旧，老少异粮。

亲戚朋友会面要尽量盛情款待，老人和孩子的食物应注意有所不同。请客人吃顿饭是待客之道，也是人之常情，但是要注意老少区别开。老人牙口不好，消化功能弱，要吃软的、暖的；小孩子身体正值发育，牙齿好，胃火大，爱吃凉的、硬的、黏的。

请老年人吃饭一定要注意，"烫甜粘"是老人饮食上的大忌，有一个孝子在街上给他母亲买的炸元宵，赶快跑回家让老太太趁热吃。儿子一片孝心，老太太只好吃了，吃下去心脏病就发作了，送到医院人就死了。炸元宵是"烫甜粘"三条全占了，老太太等于吃毒药，还有不死的吗？所以请老人吃东西千万要注意。古人说："七十不留饭，八十不留宿。"七十岁以上的人，你就不要留他吃饭，万一老病复发了，你说不清楚。八十岁以上的人，就不要留他在家中过夜，万一有个三长两短，你没法向人家的儿女交代。

故旧是故友旧识的简称，也就是老朋友、老相识，另一重含义包括我们的传统也是故旧，做人固不可以喜新厌旧，不尊重自己的传统也是不应该的。

亲戚两个字含义不同，现代汉语里面重叠连用了，在古文中要注意区别。父亲一支、父属同姓的为亲，母亲一支、妻子一支，母属、妻属不同姓的为戚，内亲外戚，在血缘关系上不一样。读两汉的历史，常常有外戚和宦官把持朝纲的记述。外戚持政是由于皇帝幼小，汉代有十个皇帝登基时不满14岁。国事只好由母后一系的人协助治理，但是一到尾大不掉，外戚就想篡权。王莽毒死了，孝平帝自己篡位当皇帝，就是个例子。

妻与妾

妾御绩纺，侍巾帷房。

古人有妻有妾，但妻妾有别，妻子只有一个，妾可以有几个。按照《礼记·内则》所下的定义："聘则为妻，奔则为妾。"明媒正娶的为妻，不依礼法、私自结合，私奔而来的叫妾。帝王尽管有三宫六院七十二偏妃，加在一起几十个女人，但正宫的娘娘只有一位。

御是治理、管理的意思，古代上对下的治理叫御。绩纺这个词中，绩是缉麻，就是把麻纤维披开来搓成线，纺是将丝纤维制成纱或线。上古时代还不懂种棉花，上古的布不是棉织品，而是麻织品或葛织品，丝织品则称为帛。穷人穿不起帛只能穿布衣，但最粗劣的衣服是褐，是用粗毛编织的。老子说"披褐怀玉"，就是人不可貌相。妻子要总体管理家务，妾就要负责缉麻纺线、织布做鞋一类的女红。

妾的另一件工作是"侍巾帷房"，就是要服侍好主人的起居穿戴。侍是服侍，巾是拢发包头的布。先秦时代，男子是十八岁至二十行冠礼，戴帽子，表示成人了。秦汉以后，有官职、有禄位的人才可以戴冠，没有功名的白丁只能戴头巾。这里的巾，泛指衣冠。

帷房是自己的寝房内室，古代的房中都有帷幕，床上有幔帐，既可以隔音，又可以保护隐私。布幔在两旁的叫帷，在上的叫幕。

纨扇圆絜，银烛炜煌。

白色生丝织成帛叫作绢，齐地（齐国）出产的绢最有名，叫作纨。古语有称"纨绔子弟"的话，就是说穿着用绢做的裤子，泛指富家子弟衣着华美。纨扇是女孩子用的白而圆的绢扇，可以在纨扇上面题字、作画。《训蒙骈句》里面就有"含愁班女题纨扇，行乐王维赴鹿柴"，《西游记》里也有"两路绿杨藏乳燕，行人避暑扇摇纨"的诗句。

绢、绸、缎，统称为帛，我们现代人认为是一样的东西，实际上是完全不同的三种丝织品。绢是厚而疏的生丝织物，绢都是白的，没有染色的，故此女子多用绢（娟）取名以示女子的贞洁。《红楼梦》里贾宝玉的嫂子就叫李纨。原始的绢就是帛，帛者白巾也，有钱人可以把帛当成纸用以书写，秦汉时期就有帛书。1973年中国湖南长沙马王堆西汉墓出土了大量的帛书，内有老子《道德经》《易经》等帛书，非常宝贵，是我们见到的最古老的《道德经》本子，相信汉以后的古人都没有见过。1993年湖北荆门郭店楚墓出土了战国中期的竹简804枚，内有《老子》《孙子兵法》等古书，几乎就是原版的经典著作，使我们一下子解决了连司马迁都糊涂的问题。原版的《老子》才二千言，后世五千言的《老子》显然是修订版，很多历史上待考证的问题一下子就解决了。

用熟丝（染色丝）密织的帛叫作"锦帛"，其中薄者为绸，厚者为缎，不要搞混。

上古时代没有蜡，所谓的"烛"是照明用的火炬、火把，不是蜡烛。唐以后才有了由动物、植物或矿物油质制作的蜡烛，如有石蜡、蜂蜡、蜜蜡等。素蜡就是白色的蜡烛，形容人的脸色不好称为"蜡白"。"银烛"就是银白色的蜡烛，炜煌是火光炫耀的样子。

"昼眠夕寐"是白天午休，晚上睡觉的意思，很容易理解。眠者寐也，二者都是熟睡，睡着了的意思。眠，目字旁偏于闭目安然的样子；寐，上面的"宀"代表房子，下面是床，表示安卧熟睡的样子。眠是很随便地闭目小憩一下，寐可就是正规地躺在床上大睡。寐字用得很正规，如梦寐以求、夜不能寐。眠就用得很随便了，如春眠、冬眠。

"蓝笋象床"说的是卧具，有青篾编成的竹席和象牙装饰的床榻。蓝是古代用于染青之草，从中可以提取出青颜色，荀子在《劝学篇》说过

"青取之于蓝而青于蓝"的话。笋是嫩竹子,用嫩竹篾编的席子既柔软又凉爽,再用蓝草染成青色,是很贵重的。《尚书·顾命》里就有"敷重笋席"的话。象床指的是用象牙装饰的床,床架用硬木雕花镂空,中间镶有象牙和贝壳等装饰品。

歌舞升平

弦歌酒宴,接杯举觞。

歌舞弹唱伴随着盛大的宴会,人们高擎酒杯,开怀畅饮。弦歌是"鼓弦而歌"的简称,"弦"字的古写应该是"絃",弓字旁的弦是弓弦,于丝竹之声的丝弦乐是完全不同的。

此处的"弦歌"是引经,引用《论语》里孔子的话。《论语·阳货》里有:"子之武城,闻弦歌之声。夫子莞尔而笑曰:'割鸡焉用牛刀?'"孔子的学生子游在武城理政,孔子到了那里,听到有弦歌之声。孔子笑着说:"这个子游,用高级的礼乐文化教育普通百姓,是杀鸡用牛刀,小题大做了!"

古代的酒具分承酒器和饮酒器,尊觥壶是承酒器,杯觞爵则是饮酒的器具。杯是战国以后才有的,最初是木质的,椭圆形两侧有耳,又称耳杯、羽觞。觞是兽角雕刻的,爵则是古代饮酒具的通称,作为专用名称的爵是三条腿的青铜器,下面可以点火,用来温酒、热酒。

矫手顿足,悦豫且康。

人们手舞足蹈,快乐安康。矫是高举的样子,举手、抬头都可以用。陶渊明在《归去来兮辞》里有"策扶老以流憩,时矫首而遐观。云无心以出岫,鸟倦飞而知还"的诗句。顿足是随着音乐的节拍跺脚;悦是喜悦;豫是心里面舒适、安乐;康是身心康泰、康乐。

"矫手顿足"形容体健,"悦豫且康"形容心悦,身心二者都快乐康泰，才是悦豫且康。

　　两句话连起来的意思，就是：

　　歌舞升平，盛排筵宴。人们接杯举觞，开怀畅饮。随着音乐的旋律手舞足蹈，身心既快乐又康泰。

第五章
善于找到积极的力量

一个人能有多大成就，并非完全取决于能力，还受他自己的心态所制约。我们的心态在很大程度上决定了我们人生的成败。当我们开始运用积极的心态并把自己看成成功者时，我们就已经开始走向成功了。

祭祀反省

嫡后嗣续，祭祀烝尝。

妻所生之子为嫡，妾所生之子为庶。庶是众多的意思。先秦礼制，嫡子也可以特指嫡长子，是妻所生的长子，嫡子有继位之权。嫡庶之争，无论在皇家或士族，历来都是家族动乱的根源。直到现代社会，培养和任用自己的嫡系，也是当权者上台后要做的第一件大事。

后是能够承祖之宗的后代，宗的本义为宗庙、祖庙，后世多指血缘关系。嗣是子嗣，也就是后代子孙的意思，其本义是诸侯传位给嫡长子叫嗣。续是继承、接续的意思。

祭祀是以食物祭奠天、地、祖先的一种大礼。祭天称为祭，祭地叫作祀，祭祖叫作享。古代有五祭：祭天、祭地、祭祖、祭神、祭灶。祭祀时要杀牲，把牲肉放在祭台上，根据祭祀的等级有三牲祭（羊豕犬），有五牲祭（马牛羊豕犬）。

烝尝是礿禘尝烝，四时之祭祀的简称。《礼记·王制》规定："天子诸侯宗庙之祭，春曰礿，夏曰禘，秋曰尝，冬曰烝。"这是夏商两朝的祭祀，在一年中有春分、秋分、夏至、冬至，四个正时的祭祀。周则春曰祠，夏曰礿。这里仅用"烝尝"两个字，代指四时祭祀。

这句话为引经，语出《诗经·小雅·天宝》"禴祠烝尝，于公先王。君曰：卜尔，万寿无疆"。普通人家是初一、十五给祖先上供，古人认为阴间和阳间隔界也隔时，就是时间和空间不一样。阴间的一天是我们阳间的一个月，初一、十五给祖先上供，就相当于供养祖先一个早餐、一个午餐。秦以前，古人一日两餐，日出以后一食，日落以前一食。那个时候人的生活不富裕，吃得很少，但身体健康，寿命也长。日本人还是这个规矩，吃得少，但也不是两餐。我们现代人吃夜宵，加之上午茶、下午茶、点心，一天吃七顿，身体反而越来越糟糕，看来还是撑死的比饿死的人多。

稽颡再拜，悚惧恐惶。

稽颡是屈膝下跪，以额触地的一种跪拜礼。稽是停留、到达的意思，颡是额头，额头触地停留一会儿叫稽颡。拜在古代是两手合于胸前，头低到手的一种礼节，后世发展为两手着地的大礼。

"稽颡再拜"一句出自《礼记·射义》，其中有"再拜稽首"。再是第二次，古文里有"一而再，再而三"的说法。一次又一次地行跪拜礼，叫作"稽颡再拜"。拜多少次是个标准呢？按古制，一拜是三叩首，最多是三拜共九次叩首，故此三拜九叩是大礼，是最高的礼节。

"悚惧恐惶"描述敬畏、畏惧、战战兢兢的心理，是一个人诚敬到极点时的心理反应。我们要注意这里描写不同心理层次的四个用词，程度一层比一层严重。

悚是浑身一抖，汗毛乍起，起了一身的鸡皮疙瘩，如毛骨悚然。惧是轻微的害怕，内心有一点惴惴不安。惧为心之志，在人体脏腑中对应的是人的心脏。恐是严重的害怕，为肾之志，对应的是肾脏。人害怕厉害了会大小便失禁的，因为恐伤肾，所谓吓得人屁滚尿流。惧和恐一个伤的是心，一个伤的是肾，且轻重程度有所不同。现代汉语里恐惧连用了，但在古文里要区别开。惶是惊慌失措，指人的心里七上八下、坐卧不安、烦躁，如有"惶惶不可终日"的说法。

在祭拜祖先的时候，诚敬恭谨、严肃矜庄，这很好理解。为什么这里说会悚惧恐惶，甚至吓得屁滚尿流，大小便失禁呢？

我们在祭祀天地、祖先的时候，在慎终追远的时候，在先人神灵面前要反省自己曾经做过的错事、恶劣的想法、龌龊的心理等一切见不得天地、对不起祖先、给祖宗蒙羞的地方，每想到这一些就会悚惧恐惶。犯小错的人毛骨悚然，起了一身的鸡皮疙瘩。再厉害一点的人，心中惴惴不安。真正行为有失检点，让祖先蒙羞的就会吓得大小便失禁，屁滚尿流。更有甚者则惶惶不可终日，吃饭吃不下，睡觉也睡不着。

这样的人虽然犯了错误，但是还有救，因为他（她）还有羞耻之心。孟子说："无羞耻之心者非人也。"做了错事，连悚惧恐惶之心也没有，厚颜无耻，没皮没脸，这是"非人"，就再没有什么可说的了。所以，古代的祭祀是大典，庄严异常，目的之一就是借天地祖先的力量，净化参与者自己的心灵。如果祭拜之人没有认识到这一点，没有诚敬之心，这样的典礼最好不要参加，去了有过无功，何苦呢！

榜样的力量

布射僚丸，嵇琴阮啸；恬笔伦纸，钧巧任钓。

这里用四句话，介绍了古代的八个人，他们的技艺或解人纠纷，或方便百姓、造福社会，成为人们学习和效法的榜样。

第一位是吕布，"布射"是吕布辕门射戟的故事。三国时期的刘备与袁术不和，袁术就派了大将纪灵领兵三万来伐刘备，刘备不敌，只好求助于吕布。本来陶谦三让徐州给刘备，但吕布硬是占了徐州，欠了刘备的人情。这一次刘备来求，他不能不管，于是就将纪灵请到营中，对他说："刘备是我兄弟，他的事我不能不管。但是我一向反对人无端厮杀，所以这一次希望能为你们调解。"话毕派人将自己的兵器大戟远远地插在辕门，回头对众人说："我如射中戟上的小枝，你们双方就和解，否则就是与我吕布过不去。如果射不中，你们的事我就不管了。"话毕发箭，正中戟小枝，顿时喝彩声雷动，纪灵虽然不情愿，也只好乖乖地领兵走了。

第二位是宜僚，"僚丸"是宜僚抛丸的故事。熊宜僚是楚国人，会一手抛球的绝活儿，类似马戏团小丑扔瓶子、抛火把一类的杂耍。但熊宜僚的手艺可就高得太多了，八个球在空中，一个球在手里，一次就抛九个，还是单手。《丸经·序》里面记载："昔者，楚庄王僵兵宋都，得市南勇士熊宜僚者，工于丸，士众称之。"楚庄王的军队包围了宋国的都城，但久攻不下。一次双方摆开阵势，又准备拼杀。千钧一发之时，熊宜僚来了。老熊露了一手，在两军阵前抛丸，宋军停战观看，都看傻了。突然楚军掩杀过来，宋军不战而败。

第三位是嵇康，"嵇琴"是嵇康抚琴的故事。嵇康是西晋时的名士，善弹琴赋诗。西晋时有著名的"竹林七贤"（嵇康、阮籍、山涛、刘伶、阮咸、向秀和王戎），嵇康是其中之一。嵇康精通音乐，著过《琴赋》，善弹奏《广陵散》，相传是一位异士传授给他的。竹林七贤看不惯司马氏的所作所为，常常借酒醉讥讽司马昭，终于把司马昭惹恼了，要杀嵇康。嵇康面不更色，只要求再弹奏一次《广陵散》。嵇康轻抚瑶琴，最后弹了一遍《广陵散》，叹息说："袁孝尼曾经向我请求学奏此曲，可我没有传授给他。我死之后，此曲绝矣！"

第四位是阮籍，"阮啸"是阮籍长啸的故事。阮籍也是竹林七贤之一，常与刘伶等人借酒抒情，发泄对司马昭的不满。相传阮籍曾在苏门山向一道士学得"啸法"，阮籍听说苏门山有一得道之士，就去访他。道人正在打坐，无论阮籍怎样软磨硬泡，道人也不理他，阮籍无奈只好打道回府了。刚走到半山腰，忽听山上传来长啸之声，阮籍抬头一看，正是道人引吭高啸，声震山谷。阮籍陡然间听懂了道人的啸声，他也悟道了，于是以长啸相和，这就是阮啸的故事。

啸是古代道家一种吐纳练气的内功法门，要运丹田之气，长啸一声，使内气闯三关、过九窍、直冲顶门。禅宗的洞山禅师就会此啸法，郎州刺史李翱是洞山的弟子，他有两首描写洞山禅师的诗，写得很美、很有意境。

其一：

炼得身形似鹤形，千株松下两函经。
我来问道无余说，云在青天水在瓶。

其二：

选得幽居惬野情，终年无送亦无迎。
有时直上孤峰顶，月下披云啸一声。

洞山禅师看似松形鹤立、仙风道骨，哪知他一啸声传三十里，其内功之深可见一斑。

第五位是蒙恬，"恬笔"是蒙恬造笔的故事。晋朝崔豹的《古今注》中有记载，蒙恬开始用兔毫竹管造毛笔。蒙恬是秦始皇的大将军，曾领兵驻边，督造修筑万里长城，但是毛笔在他之前就有了，说他发明毛笔似乎欠妥。

第六位是蔡伦，"伦纸"是蔡伦造纸的故事。蔡伦是东汉和帝的常侍，开始时做宫中的杂役，以后负责监制宫廷用具。当时的书信或写在竹简上或写在锦帛上，前者很不方便，后者又太昂贵，根本用不起。其实民间已有用麻纤维造的纸，但还是成本高、原料受限制，不能普及使用。蔡伦经过深入观察、研究，用树皮、麻头、破布、旧渔网为原料来造纸，公元105年蔡伦造出第一批纸，人称"蔡侯纸"，事例记载于《后汉书》。

第七位是马钧，"钧巧"是名巧马均的故事。马钧是三国时期的发明家，他手巧又善于动脑筋，曾改进织绫机，使丝织效率提高了五倍。他发明了龙骨水车，可以连续提水灌溉，直到今天仍然在使用。他还通过想象力复原了黄帝时代的指南车，并利用水力推动齿轮制造了多种玩具，他制作的木头人能跳舞，奇妙无比，被誉为天下名巧。

第八位是任公子，"任钓"是任公子钓鱼的故事。《庄子·外物》载："任公子为大钩巨缁，五十犗以为饵，蹲乎会稽，投竿东海，期年不得鱼。已而大鱼食之，牵巨钩锱，没而下骛，扬而奋鬐，白波若山，海水震荡，声侔鬼神，惮骇千里。任公子得若鱼，离而腊之，自制河以东，苍梧以北，莫不厌若鱼者。"任公子钓鱼是大手笔，鱼线是粗黑绳，鱼饵是五十头牛。他蹲在会稽山上，投竿东海，整整一年也没钓到鱼。有一天，突然大鱼吞饵，牵动钓钩，沉入水下，又突然冒起。一时间，白浪滔天，海水震荡，声如鬼神，震惊千里。任公子得到此鱼，做成鱼干，从浙江以东，到苍梧以北的人无不饱餐这条大鱼。

释纷利俗，并皆佳妙。

这两句话是对上述八个人的技艺和发明所下的评语。"释纷"是解人纠纷，"利俗"是便利俗民，二者合起来的意思，就是他们的技艺或解人纠纷，或利益百姓，造福社会，都是高明巧妙，为人们所称道。

说到世间的技艺和人类的发明创造，其目的在于解人纠纷，方便百姓,仅此而已。技术技巧、发明创造,在上古时代既不提倡,也不禁止。因为人不用教还在机谋巧算,动鬼点子,一旦正面加以提倡,人心会越来越诡诈,技术花样越来越多,于国于民都不利。四大发明,中国很早就有了,但始终没有推广应用。现代的犯罪率越来越高,犯罪的手段越来越歹毒、越高超,其中影视文化起的作用很大,电视里天天在诲淫诲盗,我们的正面教育根本抵挡不住。认识到这一点,就要关心孩子们每天在看些什么、干些什么,要早早地防止孩子的心灵污染。心灵一旦被污染了,再怎么清理也恢复不到污染前的水平了,所以《千字文》前面才有"墨悲丝染,诗赞羔羊"的教诲,我们千万要注意。

倾国倾城之容貌

毛施淑姿,工颦妍笑。

"毛施"是指毛嫱、西施两个人,这二位是中国成名最早的春秋时期的美人。最早赞美她们的是管子,《管子》书中说:"毛嫱西施,天下之美人也。"庄子也赞叹"毛嫱丽姬,人之所美也,鱼见之深入,鸟见之高飞"。可见沉鱼落雁说的就是这二位。

毛嫱、西施都是越国的美女,其中西施的名气最大,传说她曾帮助卧薪尝胆的越王勾践雪耻,灭了吴国,之后西施与范蠡一起泛舟西子湖,双双归隐了,这都是野史小说里的戏词,不可信。实际上,西施是春秋时期人,至少与管子同时代,否则管子怎么能赞她是美人呢?但是勾践灭吴发生在战国中晚期,与管子时代差了280年,这不是"关公战秦琼"了吗?

淑是美、善的意思,女子名字中用淑字的很多。姿是仪态、姿容。淑姿是姿容姣美,从音容笑貌到体态形质无一不美。工是善于干某事,颦是皱眉头,妍是美丽,笑是笑靥。"工颦妍笑"一句语出于《庄子·齐物论》,庄子说:"西施病心而颦,人见而美之。"《庄子》一书中有三次说

到了西施，可见庄子也是个追星族。

西施姓施，父亲是个打柴的樵夫，因家住施家村的西头，其女故名西施。西施长得很娇美，但有心口疼的毛病，可能是十二指肠溃疡，发作起来就手捂心口，皱眉咬唇，样子很俏皮，惹人爱怜。施家村东头有个丑女叫东施，她看"病西施"样子娇美也学着皱眉捂胸，结果更加难看，庄子把她叫作"东施效颦"。

这两句话的意思连起来就是：毛嫱、西施，姿容姣美，皱起眉头都俏丽无比，笑起来就格外动人。

日月星辰

年矢每催，曦晖朗曜。

"年矢每催"的意思是：岁月流逝，每每地催人向老。

矢是漏矢，古代的计时工具用孔壶滴漏。现在故宫的后三宫里还陈设有此孔壶。《汉书》记载："孔壶为漏，浮箭为刻"，可见这里的矢为浮箭是没错的。浮箭上有时间刻度，水滴一落，刻箭就上浮，所以叫作"每催"，频频催促，非常形象。我们随文入观，闭目沉思，仿佛能听到水的滴答声，就像现代钟表的"嗒嗒"声一样。

"曦晖朗曜"的意思是：太阳的光辉永远明朗地照耀在空中。曦、晖皆为日光，曦为晨光，早晨的阳光叫晨曦；晖是阳光外面的那层晕晕的光圈，朗是明朗，曜是照耀。

璇玑悬斡，晦魄环照。

璇玑是北斗七星中的两颗星，北斗星是现代天文学所称的大熊星座，其中的第二颗为天璇星，第三颗为天玑星，此处用璇玑来代表北斗七星。悬是悬挂、悬吊起来的意思；斡是旋转、斡旋。高悬的北斗七星不断地转动着斗柄，就是"璇玑悬斡"。

北斗七星的第一颗是天枢、第二颗是天璇，二者连线的五倍距离就是北极星所在的位置。北斗七星的勺柄总是围绕着北极星转的，所谓"斗柄指东天下皆春，斗柄指南天下皆夏，斗柄指西天下皆秋，斗柄指北天下皆冬"。北斗七星不停地转动，就代表了一年四季不断地推移交替。

要找北斗七星，先要找天上最亮的两颗星，招摇二星，它们在北斗星斗柄的正前方。古人告诫我们不要太招摇，就是借用这两颗星的名字，因为这二位太亮、太抢眼，一眼就可以看到。所以，做人不可以太招摇，以免成为众矢之的。

晦魄是指月亮而说的，前一句"曦辉朗耀"说的是太阳的光芒，此处再以月亮的光辉与之相对应，修辞上叫作对仗。

前文已经讲过，阴历每个月的最后一天叫作晦，每个月的第一天叫朔。阴历每月初始见的月光叫魄，也就是初三的新月。环照就表示月亮由朔、望、晦完成一个回环，周而复始，没有穷尽。明亮的月光永远遍洒人间四海，所以才激起人类无限的遐想。苏东坡就把酒问明月，"不知天上宫阙，今夕是何年？"

月亮本来就是我们中国人的，嫦娥早就上去过。古人早就知道月球反射太阳的光，所以才说月宫里面有玉兔，我们信以为真，就在八月十五供兔爷爷、兔奶奶。"兔者吐也"，言月吐日光，也就是月球反射日光，这与兔爷有什么关系？释迦牟尼佛也说过："月之一日，是我们人间的一个月。"对此我们半信半疑，直到阿波罗登月成功了，才证明释迦牟尼佛说的没错。

薪尽火传

指薪修祜，永绥吉劭。

"指薪修祜"的用典，出自《庄子·养生主》。庄子说："指穷于为

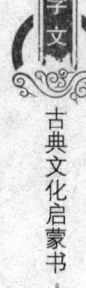

薪，火传也，不知其尽也。""指"是"脂"字的通假，油脂燃烧的时间比柴草要长得多，所以，古代点油灯多用膏，也就是动物脂肪。《楚辞·招魂》上说："兰膏明烛。"兰膏是加了兰香炼的膏，燃烧起来有香味。庄子说："烛薪的燃烧是有穷尽的，火却可以一直传下去没有穷尽。"譬喻人的肉体会死亡而人类的生命现象是延续无穷的。

祜是福德、福禄；修祜就是修福、积德。人一生的福报之中，有福、有禄是不一样的。福是你的享受和你享受的能力，禄是支持你享受的条件包括财富、妻子、儿女等。有福的人不一定有禄，这样的人只能享清福；有禄的人未必有福，不会享福的暴发户有的是。

福禄很难两全，有福有禄又不长命，没寿也是白搭。世间"福禄寿"俱全的人几乎可以说没有，所以，恭贺别人时才说："三星高照，福禄寿临门。"真正福禄寿俱全的人历史上大概只有乾隆一人，在位60年，寿命89岁，享了一辈子福，自称"十全老人"。据说他的八字是"子丑寅卯"四正，排列组合正好凑个四正，太难了，比中六合彩还难上一万倍，果真如此，乾隆还真不简单。

人的寿命是有限的，只是短短的几十年，上寿百岁不过是36500天，所以要赶快修你的福德，因为福德是可以传代的，可以一代一代传下去。这个传递的通道就是"孝"。前面已经讲过了，祖先之德是通过"孝"这个管道传承的。你不孝，这个管道就断了，祖先修的祜（积累的福德）你就享受不到了，"指薪修祜"的传承就断掉了。人的一生只有修福积德，才能像薪尽火传那样精神永存，这才是"指薪修祜"的真实含义。

永绥吉劭。

前一句"指薪修祜"，是针对自己这一代而言的，它是因；"永绥吉劭"，是针对子孙后代而言的，是果。有什么因，就有什么果；栽什么树，就开什么花，这是宇宙间的基本定律，谁也改变不了。如果自己能够利用有生之年，修德积福，子孙万代都会在你这棵大树下"永绥吉劭"。

相反，如果不明白这个道理，不顾及子孙的利益，现在就吃"子孙饽饽"，让你的子孙们吃什么呢？

"永绥吉劭"的永是永远、永久；绥是安定、和平；吉是吉祥、幸福；劭是高尚、美好。

张衡与"浑天说"

张衡是东汉时期著名的文学家，写过《温泉赋》《二京赋》等传世名作。他更是一位伟大的科学家，早在东汉时期就对天象进行了系统、科学的研究。

公元115年，张衡担任东汉王朝的太史令，主管天象观察，写下了著名的大义学著作《灵宪》。当时，很多大官和学者都相信"图纬"之说，认为"天"是大帝创立的。张衡则大力倡导"浑天说"，认为宇宙有自己的运行规律，它就像一个鸡蛋，天体圆如弹丸，仿佛鸡蛋的壳，地居天内好像蛋黄。他还正确地解释了月食的成因，指出月球本身并不发光，月光其实是日光的反射？这在当时已经是最先进的天象学说了。

张衡根据"浑天说"，并通过实际观测，制作了一个"浑天仪"。这个仪器是用来观察天象的，其形状就像一个大大的球，球面上分别刻着赤道、黄道、南北极、二十四节气、二十八个星宿和日月七曜等。

《千字文》开篇的头两句就是根据"浑天说"编写的。

善于认识自然规律的牛顿

牛顿是著名的英国物理学家。他小时候并不聪明，功课也不好，几乎没有出众之处。但是经过发奋学习，他在中学时便名列前茅，十八岁就进入了剑桥大学的三一学院。

年轻的牛顿对自然界的各种现象非常感兴趣。一天，他坐在乡间的一棵苹果树下沉思，忽然一个苹果掉落到地上。这是一个很常见的现象，很多人都经历过，但牛顿却没有放过这个细节。经过非常深入的思考，他发现所有的东西一旦失去支撑必然会坠下，继而又发现任何两个物体之间都存在着吸引力。最后他总结出万有引力定律，成为经典物理学的创始人。

自然界的活动是有规律的，人类必须认识它、遵从它，才能更好地利用它。牛顿便是通过对于自然规律的科学认识，成就了自己的伟大。

隋侯之珠

传说古代有个姓姬的贵族被封在隋国（今湖北省隋州），人们称他隋侯。有一次隋侯出使齐国，走着走着，忽然看见一条负伤的大蛇在沙地里翻滚。他上前仔细观察，发现大蛇的皮肤断裂，马上就要死了。隋侯心生怜悯，立刻叫人拿出草药，给蛇小心敷治，然后又用手杖小心翼翼地挑起它，送到远处的水边，看着它慢慢游走。

一个多月后，隋侯从齐国回来又经过此地，只见那条大蛇的口里衔着一颗宝珠，正等候在路旁，准备赠送给他。隋侯不敢接受，谢过了大蛇，继续赶路。

当天晚上，隋侯做了一个梦，梦见脚踩着了一条蛇。他惊醒一看，床头放着一颗大宝珠。珠的直径足有一寸，纯白色，发出的光像月亮一样，照得满室通明。于是，这颗宝珠便被称为"夜明珠"或"隋侯之珠"，简称"隋珠"。

隋珠是稀世之宝，人们常用它来比喻卓越的才华。

普罗米修斯盗火

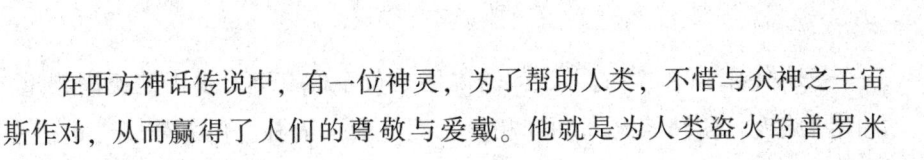

在西方神话传说中，有一位神灵，为了帮助人类，不惜与众神之王宙斯作对，从而赢得了人们的尊敬与爱戴。他就是为人类盗火的普罗米修斯。

在远古时期，人类能生产出来的东西很少，还得祭献神灵，所以生活非常艰苦。普罗米修斯这时便来帮助人类了，他把人类要献给宙斯的牛分成两堆，一堆都是肉，但上面盖了层牛皮，另一堆全是骨头，却把牛油都盖在骨头上，然后让宙斯挑选。宙斯选中了全是骨头的那一堆。从此以后，人类就把好的部分留下来自己吃，只把差的东西祭给神灵。宙斯一怒之下把曾经赐给人类的火收了回。没有了火，人类的生活变得悲惨起来，他们吃不到熟食，冷的时候也没有什么能带来温暖，更没有什么可以恐吓野兽的工具了。

这时，普罗米修斯又出现了，他用很巧妙的方式把火种偷了回来，并教给人们怎样使用火。这一下，人类的生活发生了翻天覆地的变化。火给人类带来了温暖与光明。

然而，这件事更加触怒了宙斯，他给人类降下了许多的灾难和不幸，并把普罗米修斯抓起来，钉在高加索的山崖上，让一头巨大的鹰每天去啄食他的肝脏，到晚上又让肝脏长好，第二天继续被鹰啄食……据说，普罗米修斯就这样被折磨了三千年，后来才被一个叫赫拉克勒斯的英雄救了出来。

火是人类进入文明时代的标志，从中西方的历史来看，都是如此。不同的是，西方传说火是普罗米修斯从宙斯那儿偷来的，而中国却传说利用火是炎帝发明的，他用石头敲出了火星，从而有了火种。

天下为公

尧是中国远古时期的天子,据说他是黄帝的玄孙。由于他德高望重,能团结族人,使邦族之间和睦相处,而且为人简朴,住茅草屋,吃粗米饭,穿麻布衣,与百姓同甘共苦,所以得到了人民的拥戴。

尧在位七十几年,到年老时,由大臣们推举继承人,人家一致推荐了舜。尧帝把自己的两个女儿嫁给了舜,又把自己的四个大臣给他,对他进行长期的考察,最后才放心地把君位禅让给了舜。舜宽厚待人,孝顺父母,友爱兄弟,为政仁和,把天下治理得非常好。他在位六十一年,把君位禅让给禹,自己死在巡视的路上。舜的两位夫人娥皇、女瑛得知后泪洒竹,湘竹从此便有了点点斑痕。后来她们双双投江而亡,化为湘水之神。

这就是中国古代传说中的"天下为公"的时代,尧、舜也成了古代最受推崇的天子。

绝笔于获麟

凤凰和麒麟都是传说中的珍禽仁兽,平常是不会出现的,只有在以道德仁义为教化的太平盛世才会出现。而且它们即便出现,一般的人也看不到。据说孔子诞生的时候出现了麒麟。后来,鲁哀公十四年的时候,孔子69岁,正在写作《春秋》,鲁国有人打猎捕获了一只怪兽,因为不认识是什么,送来给孔子看。孔子一看,认出是麒麟,便流泪叹气说:"这是麒麟啊！可惜，你却生不逢时啊！"这样吉祥的动物竟然被人捕获，实在不是好的预兆。因此，孔子认为这也预示了自己的政治理想不能实现，叹气说："我的理想是绝不会实现了！"所以，他的《春秋》也就此停笔了。

第六章
那些名人的处世原则

人生是一个不停努力，奋发图强的过程，成功需要不断地累积。取得小成功，就可能发展为大成功。成大事者懂得从小到大的艰辛过程，所以，在实现了一个个小成功之后，能继续拆开下一个人生的"密封袋"。

爱国诗人屈原

屈原是我国历史上最早的一位大诗人,他是战国时期楚国人。起初他帮助楚怀王治理国家,主张改革政治。谁知这一提议遭到了楚国贵族的反对,他们在楚怀王面前说屈原的坏话。楚怀王信以为真,罢了屈原的官,后来又把他流放到江南。

屈原眼看着楚国的国势一天天削弱,大片江山将被强秦占领,不由得更加忧愤,每天披散着头发在江边行走,吟诵着愤怒而又悲哀的诗句。一天,一个老渔民关切地对屈原说:"您怎么又瘦了?"屈原叹息道:"老人家,你不晓得,现在楚国掌权的都是些昏庸腐朽的蠹虫,把我们楚国弄到这样的田地,我心里难过啊!"老渔民说:"既然国君都这样,您又何必操心过虑?"屈原正色道:"不,老人家,您说错了。就是楚国的一个普通百姓,也应该热爱自己的国家啊!"

由于楚国的政治越来越腐败,郢都也被秦国攻陷了。屈原既无力挽救楚国的危亡,又抱恨自己的政治理想无法实现,就投汨罗江自尽了。那天正是农历五月初五,此后,为了纪念屈原,每到这个日子,人们都划着装扮成龙形的船,带着用竹叶包好的饭去江边祭祀这位伟大的爱国诗人。后来,民间渐渐形成了端午节划龙舟、吃粽子的习俗。

青香扇枕

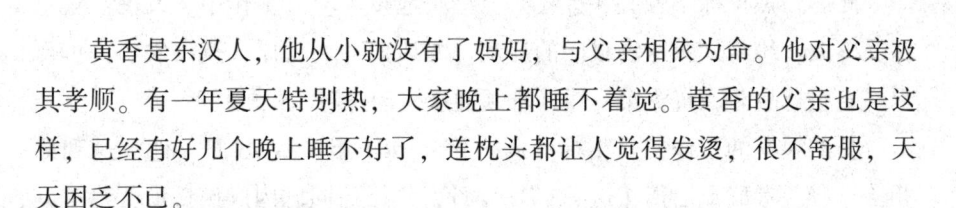

黄香是东汉人,他从小就没有了妈妈,与父亲相依为命。他对父亲极其孝顺。有一年夏天特别热,大家晚上都睡不着觉。黄香的父亲也是这样,已经有好几个晚上睡不好了,连枕头都让人觉得发烫,很不舒服,天天困乏不已。

一天,黄父走进卧室,忽然看见九岁的小黄香正拿着一把扇子对着自己的枕头使劲扇,满头大汗还不停手。他不知是什么意思,便问黄香。黄香说:"听您说枕头热得睡不着,我给您把枕头扇凉了,您就能睡个好觉了!"

冬天,他们家没有厚的保暖的褥子,只能铺着席子,所以很凉。黄香的父亲身体不大好,很怕冷,每晚上床睡觉时都冷得直咳嗽。后来,黄香就在父亲睡觉前先钻到父亲的被窝里帮他暖席。

这是古代《二十四孝》中的故事,也是典型的"温情"的故事。

焦裕禄

焦裕禄,原在河南省开封地委组织部工作,由于工作认真负责,成绩出色,受命到兰考县出任县委书记。兰考是一个有名的穷县,一直受风沙、水涝、盐碱"三害"困扰,每逢荒年,就有很多人流落他乡要饭为生。展现在焦裕禄面前的兰考大地,是一幅严重的灾荒景象,但他决心要改变兰考的贫瘠面貌。

他刚刚来到兰考时，兰考的县委班子工作情绪低落，许多人都想通过各种关系调离兰考。焦裕禄提议大家到火车站看看灾民们。寒风凛冽、飞雪漫天，数千灾民面黄肌瘦、衣衫褴褛地蜷缩在车站的各个角落，等待乘车外出谋生，而站台上的救灾物资却已经堆积了八天没人发放。焦裕禄立刻命令县委和政府机关全体干部到火车站分发救济物资，并取消了县委干部们的特殊供应证。

此后，焦裕禄不顾肝病折磨，全身心地投入救灾工作中。人民群众也深受感染，纷纷加入这场艰巨的运动。暴风雨冲垮房屋，淹没农田，焦裕禄一直坚持战斗在抗灾第一线，带领群众挖沟排涝，抢救庄稼。

长期艰辛的工作使焦裕禄肝病恶化。1964年3月23日，他被送到郑州治疗，兰考群众沿街相送。5月14日，焦裕禄同志因肝癌病逝，终年只有四十二岁。1966年春，他的遗体被运送回兰考，根据他的遗愿安葬在黄河故道的沙丘上。数万兰考群众前来送葬。

直到现在，兰考人民还深深怀念着一心为人民着想的县委书记焦裕禄。

居里夫人的品格教育

居里夫人是世界闻名的科学家，曾获得过诺贝尔物理学奖和诺贝尔化学奖。她不仅是一位伟大的女性，还是一位伟大的母亲。

居里夫人在自己的科学生涯和人生道路中悟出一个道理：智力的成就，在很大程度上依赖于品格的高尚。因此，她把一生追求事业和高尚品德的精神，影响和延伸到自己的子女和学生身上，利用各种机会培养孩子形成良好的道德品格。居里夫人的丈夫早逝之后，她一人担负抚养子女的重担，经济十分拮据，还得补贴一部分经费给科研。有人建议她卖掉与丈夫在实验室分离出来的一克镭，这样就可以拿到一百万法郎。而她认为，不管今后有多困难，决不卖掉成果。她毅然将镭献给了实验室，用于研究工作。后来她带着两个女儿赴美国接受总统赠送给她的一克镭时，她同样告诉女儿："镭必须属于科学，而不属于个人。"

居里夫人让女儿从小保持艰苦朴素的生活作风，不贪图荣华富贵。在她的品格教育下，两个女儿都成就了自己的事业。长女伊丽娜是物理学家、化学家，与丈夫约里奥因发现人工放射性物质共同获得诺贝尔化学奖；次女艾芙也成为著名的音乐家和传记作家。

苏武与卫律

西汉武帝时，北方的匈奴时常南下侵扰，边境极不安宁。汉武帝很是忧心，想与匈奴和好，双方不要再征战了。于是，他向匈奴派出很多使者，以便与匈奴联系谈判。这些使者各有不同的命运，其中对比最鲜明的就是卫律和苏武。

卫律曾与汉武帝掌管音乐的官员李延年关系很好，李延年推荐他出使匈奴，汉武帝就答应了。卫律从匈奴回来时，却听说李延年因为犯了罪，全家都被逮到监狱里去了，他害怕自己也受到牵连，便连夜逃到匈奴去投降。

此后，汉武帝又派了苏武出使匈奴。匈奴朝中有一个以前投降的汉人叫虞常，他想再回汉朝去，但怕汉武帝不放过他，听说汉武帝痛恨卫律，便想杀了卫律作为再回汉朝的条件。他自己不敢动手，便与苏武的手下张胜商量。没想到事情败露，匈奴且鞮侯单于让卫律来审问。卫律直接杀了虞常，张胜害怕了，就投降了。卫律又拿着剑来威胁苏武，苏武却不为所动。卫律就劝他说："你难道没看见吗？我来到匈奴后，蒙皇帝大恩，赐我为王，手下人有数万，家里牛羊成群，可以说是大富大贵了。你如果今天投降，明天就和我一样了，何必成为一个死鬼，被扔到荒蕈之中呢？"苏武义正词严地说："你身为汉朝的臣子，却忘恩负义，投降敌人，禽兽

不如！这种事，我宁死也不干！"卫律没办法，就把苏武扔在一个大窖里，不给食物和水，想以此来威胁他。而这时天降大雪，苏武就把自己坐的羊毛垫子拿来就着雪吃。好多天过去了，卫律看他没有饿死，便又派他到最北边的沙漠去放羊。苏武在那里没有吃的，就在地里找野鼠和草根吃。在这样艰苦的情况下，他依然每天都要拿着汉朝使者的标志——节。五年过去后，节上的毛都掉光了，只剩下一个光棍，他还是一如既往地拿着。

汉昭帝即位后，想起了苏武，便派人到匈奴要人，苏武这才得以归汉。头发和胡子都变白了的苏武，持着那支陈旧的汉节回到长安时，离他出使时已经过去十九年了。

严子陵隐居富春山

东汉开国皇帝刘秀小时候有一个朋友叫严光，字子陵，很有贤德。刘秀成为光武帝后，就想着怎么能把严光请来辅佐自己治理国家。严光听到了这个消息，便隐姓埋名不露面了。光武帝令人画了严光的像，四处搜求。后来有人看到一个男子披着羊皮袄在水边钓鱼，光武帝觉得肯定是严光，便派人去请，请了三次才把他请来，把他安顿在最好的宫殿里。

朝廷中有一个大官叫侯霸，以前也认识严光，听说严光来了，便派了使者去送信，想与他见一面。严光看了信后问使者，"侯霸小时候就比较傻，不知现在有没有改变？"使者说："他已经做到这么高的官了，不傻了吧！"严光问："他让你来干什么呢？"使者就说了侯霸想见他一面的话，严光笑着说："你还说他不傻，这不就是傻话吗？皇帝我都不见，会见他吗？"使者要回信，严光懒得写，便说了几句当做回信。使者嫌说得少，他说："你又不是买菜，还想还还价钱？"光武帝也来看他，他正睡觉，皇帝到了也不起来。光武帝坐在床边摸着他的肚子说："唉，子陵啊，你就不能来帮帮我吗？"严光睡了半天才说："人各有志，何必强求！"

后来，光武帝封严光为谏议大夫，他不接受，又隐居到富春山耕地钓鱼去了。

汉武帝的甲帐

中国历史上有很多皇帝喜欢求仙，因为他们在人间享受得太多了，不舍得离开这个人世。所以，希望更进一步成为神仙，实在不行，就在人间长生不老也行。这些皇帝中，最把求仙与求长生当回事的，要数秦始皇和汉武帝。

就在汉武帝四处求仙时，有个叫栾大的人来求见，说他可以与神仙交往，并且当场表演。他拿了上百个小旗子放在院子里，命令它们互相打架，这些小旗子就升到半空打起来，看的人都惊呆了。汉武帝大喜，封他为天道将军，给了很多的赏赐，请他帮助自己成仙。

栾大说："要与神仙交往，先要请神仙来。而神仙是喜欢清静的，陛下要先给神仙准备一间清静而豪华的屋子。"汉武帝就在宫外盖了一座神明殿，用红色的玉做台阶，用铜做柱子，用金子涂墙壁，用白琉璃做屏风，用珍珠做帘子。然后用天下各种珍奇异宝做了一副床及床帐，叫作甲帐，是给神预备的。又做了个乙帐，是给自己准备的。从此，汉武帝就天天睡在乙帐之中，等候神灵的光临，但等了很久，却不见有神仙来，他就有些怀疑栾大。栾大也害怕被治罪，便派人偷偷地藏在甲帐后，装作神仙的使者，对汉武帝说："要迎接神仙，必须穿戴整齐，到海里去迎接！"汉武帝当然不敢去。

但是有一个大臣叫东方朔，他看透了栾大的把戏，便给汉武帝上书，揭露了栾大的装神弄鬼。汉武帝大怒，把栾大逮起来杀了。

叔孙通定朝仪

叔孙通是秦汉时期的著名儒者，先后投奔过秦二世、项羽和刘邦，都受到了重用。刘邦称帝后，叔孙通进言说："现在天下已定，朝仪不可不整顿了，不然陛下说话未毕，那些大臣们就抢着与陛下争辩，成何体统？臣愿到鲁地征集儒生，汇集京都，排出一套礼仪来，敬献陛下。"刘邦同意了。于是，叔孙通召集了三十人，共同编排了一套十分隆重的朝礼仪式，并在长乐宫做了一次成功的彩排。刘邦通过后，批准于次年的岁首来执行。

一天，天色微明，便有谒者一路站立，见到大臣，都要大声唱名，报出这些人的爵位与官衔，然后引入特定的休息厅中，按官序坐定；见了诸侯王和特派的使臣，则在另一房内招待。各休息室中都有侍者，按照规定协调这些官员的行动。时辰一到，文武朝臣分成东西两队，每队都出排名在前的官员领队，沿两阶顺序而进。殿中早已陈立仪仗，森严无比。郎中执戟，卫官张旗，分左右两边站立，庄严肃穆，寂静无声。还有人行官员九人立于殿旁，职司传命与收取奏臣的奏文，迎送宾客。卫官郎巾，交声传警，纠至百官噤声，直到皇上出现，便高声唱喏。高祖徐徐下辇，南面升坐，再由大行传呼出来，令诸侯王、丞相、列侯等，快步入殿，排列两队一一拜贺。高祖只略略欠身作答礼。大行说"平身"，众官方敢起身趋退，仍归位立于两厢。直到大行喊出"有事出班早奏，无事即行退朝"，那些有事要奏的大臣方能跨出班列，向皇上奏事。

这一日因是开朝定仪，预定设制宴会，称为法酒。高祖就案宴饮，旁边站立御史数人，注意监察大臣的宴风。众官都屈身俯首，不敢失仪，更不敢造次，须按尊卑次第，奉觞上寿，然后才可以各饮数杯。酒至九巡，谒者便请罢席。有人因醉忘情，进退失据，便有御史引去，不准再入座位。因此，盈筵肃静，与过去的宴会大不相同。众人宴毕，还得排队向皇帝致礼告退，秩序始终井然。宴会毕，高祖退人内廷，忍不住内心喜悦，说道："这回我才感觉到当皇帝的显荣尊贵了！"高兴之余，拜叔孙通为奉常，赐金五百斤。

中国两千多年的封建体制，从汉至清朝，大都沿用了叔孙通创立的这一套仪程。尽管朝代更迭频繁，但朝仪规则却没有太多的改变。

萧翼赚兰亭

唐太宗李世民很喜欢书法，也很推崇"书圣"王羲之，收藏了许多王羲之的亲笔作品，几乎把他传世的作品都收集到了，可是，偏偏缺了一件最珍贵的，那就是被称为天下第一行书的《兰亭集序》。据说当年王羲之与朋友在会稽山的兰亭集会，大家都做兰亭诗，诗成后合为一集，叫《兰亭集》，请王羲之写个序。当时风景佳妙，心情舒畅，再加上喝了点酒，王羲之状态非常好，整篇文章三百二十四个字，一气呵成，似有神助。里面的字龙飞凤舞，所有相同的字都写得不一样，比如"之"字，就用了二十多次，可每写一个，都有各自的特点。王羲之写完就睡了，醒来一看，自己也非常满意，此后又用心地写了几百幅，却没有一幅及得上这一幅。

这件真迹一直藏在王羲之的家里，他的第七代子孙智永是一个出家和尚，也是一个很有名的书法家，因为没有儿子，就把它传给了弟子辩才。唐太宗知道这幅真迹在辩才手上，便几次请辩才来到皇宫，希望他能够献出来。可辩才却说真迹已经在战乱中不见了，唐太宗也没有办法。

这时，有人推荐萧翼，说他会有办法。唐太宗便召见了萧翼。萧翼说："要是公然去要，肯定要不来。我可以用别的办法。不过，需要先借几本真迹来用。"于是，萧翼便装扮成普通书生，来到辩才的寺庙。辩才哪里知道他是谁呀，于是，两人就交为朋友，时间长了，关系也越来越好。一天，萧翼装作无意中说他喜欢书法，藏了很多王羲之的真迹。辩才听了很高兴，让他拿来看看。第二天，萧翼带来那几幅真迹，辩才仔细看了，说："真的倒是真的，只是还写得不好？"萧翼故意争论不休，说这是精品。辩才便说："你不知道，我藏有王羲之最好的作品，比这些好多了！"萧翼说："别骗人了，《兰亭集序》早已失传了，你要么没有，要有也是假的！"辩才立刻从屋子的大梁上拿下了《兰亭集序》让萧翼看。萧翼有意到处挑毛病，说一定是假的，两人争论很久。此后两人每到一起，就拿出《兰亭集序》来争论真假。有一天，辩才有事出去，萧翼赶快到寺庙来，对辩才的徒弟说忘了东西在这儿，进房就取了《兰亭集序》，然后连夜回到长安，交给了唐太宗。

晏婴不受封赐

春秋时代有个人叫晏婴，曾辅佐齐景公成就了霸业。当时，晏婴贵为齐相，位尊权重，但他生活很简朴，饭是糙米，菜是素菜，一件裘袍穿了三十多年，还常拿自己的俸禄济助贫困的百姓。后来，齐景公听说了，便打算把物产丰饶的都昌封赠给晏婴，但晏婴推辞不受，说："我这样做，是把贫困作为自己的老师，如果接受了都昌，岂不是把老师也丢掉了吗？"

见他拒绝，齐景公又打算赐一座新宅，说："你住的地方在闹市，很嘈杂，且陈旧简陋，请迁到豫章之圃的新宅去吧。"晏婴辞谢说："我先辈能住的房子，如果我不能住下去，那就太奢侈了。况且，我早晚需要到市上去买东西，所以不能迁。"

后来，趁晏婴出使晋国时，齐景公给他换了新宅。晏婴回来之后，不住新宅，还是住在自己的旧宅里。

石崇、王恺斗奢侈

晋朝有一个叫石崇的人，祖辈都是大官僚，他自己官至侍中。他家里拥有无数的金银财宝。王恺是晋武帝的舅父，家里也聚敛了巨额财富。他见石崇非常阔气，很不服气，想要和石崇比比高低。石崇自然不肯示弱，决心要把王恺比下去。于是，王恺让人用饴糖洗锅，石崇就用蜡烛烧火做饭；王恺用赤石脂刷墙，把家里粉饰得富丽堂皇，石崇就用椒泥抹墙，把家里弄得满室芬芳，香气扑鼻。

王恺见没法胜过石崇，便让晋武帝赏赐给自己一棵珊瑚树。这树有二尺来高，光泽夺目，是一件稀世珍宝。王恺很得意，派人去请石崇，让他来开开眼界。石崇来了之后，不屑地哼了一声，随手拿起一柄铁如意，"哗啦"一下把珊瑚树击得粉碎。王恺又气又急，说："这是皇上赐给我的，看你如何交代！"没想到石崇冷冷地说："不就是一棵小珊瑚树嘛，我赔你好啦！"说罢，派人从家中抬来了许多珊瑚树，摆在王恺的客厅中，高三四尺的有六七棵，和王恺那棵一样大小的就更多了。王恺看了直发愣，一句话也说不出来。

石崇，王恺斗奢侈的故事，就是当时官僚、贵族们糜烂生活的真实写照。在统治阶级荒淫腐化、百姓民不聊生的两极分化下，晋初的繁荣如昙花一现，很快就凋萎了，不久，天下便大乱起来。

伊尹辅商

传说在夏朝末年，一个女子采桑时发现桑树中间有一个小小的婴儿，便把他抱了回来，因为不知道孩子姓什么，就以这个女子所居住的伊水为姓，取名伊尹。伊尹从小跟莘氏家的厨师学艺，后来有莘氏嫁给了商族的王成汤。

尹也就成了成汤的厨师。他聪明而有谋略，想帮着成汤做一番大事业。但一个厨子，怎样才能接近成汤呢？他就想了一个计策。

成汤有一段时间发觉饭菜的味道不对，不是咸了就是淡了，于是把厨子伊尹叫来，问怎么回事。伊尹便根据烹调的道理，纵谈天下大事。成汤一听大为惊喜，知道这个人很了不起，经过几次长谈后决定拜他为相。伊尹帮助成汤消灭了夏朝，建立了商朝。

不久之后，成汤去世了，伊尹还是尽心尽力地辅佐成汤的后代。太甲为商王三年之后，便开始不遵守成汤的遗训，非常残暴。伊尹就把他囚禁在桐宫，让他反省，而自己代为执政。这样又过了三年，太甲认识到自己的过错，并深深自责，伊尹才把他迎接回来，让他继续当商王。

周公与姜太公

周王朝建立后，开始分封有功的大臣。姜太公被封在齐，周公旦被封在鲁。由于周成王年龄幼小，需要周公辅政，周公旦就让儿子伯禽代替自己受封于鲁国。伯禽临行前，周公对他说了一番语重心长的话："我是文王的儿子、武王的弟弟、成王的叔叔，在当今的天下，我的地位也算是不低了。但我仍然为了迎接贤人，常常在洗澡洗到一半的时候握着湿头发出来见客。你到了鲁，千万要谨慎，不要盛气凌人。"

伯禽到任三年以后才来向周公报告。周公问："你怎么这么久才来？"伯禽说："我要改变那里的风俗，实施礼仪，还要服三年的丧礼，所以晚了。"而当初姜太公就任五个月就回来报告了。周公问："你怎么这么快就回来了？"太公说："我适应那里的风俗，革除不必要的礼仪，精兵简政，所以来得快。"这时，周公将齐鲁两国的情形对比了一下，叹了一口气说："哎，鲁国以后看来得臣服于齐国了！"他的话果然应验了，到了春秋时期，齐国迅速强大起来，齐桓公成为一代霸主，所有的诸侯国都要听他的指挥，鲁国也是其中之一。

假途灭虢

春秋时期，虞国与虢国是两个领土接壤的小国，均在当时的大国晋国旁边。

晋国的谋臣荀息给晋献公出主意，打算用四匹宝马和一块美玉向虞国借道去伐虢国。晋献公说："那四匹马和那块玉可都是我的宝物啊！"荀息说："要是能得到虞国的应允，这个算什么！"晋献公又说："虞国有宫之奇在啊！"荀息说："宫之奇虽然聪明，但为人懦弱，不敢针锋相对地劝谏君主。况且他比虞君大一点，虞君与他嬉戏久了，他就是谏了，虞君也不会听的。"于是晋献公就派人去虞国借道。虞君果然不理会宫之奇的劝谏而答应了晋国的要求。

过了三年，晋又来借道伐虢。宫之奇看出其中有阴谋，力谏虞公说："虢国是虞国的保护伞，如果虢国灭亡了，虞国也就完了。俗话说'唇亡齿寒'，就是说的我们与虢国啊！"虞公说："晋侯与我是同姓同宗，哪能害我呢？"宫之奇着急地说："大王，您可别忘了，晋、虞、虢三家都姓姬，都是同一个祖宗，晋侯能忍心灭虢国，就不忍心灭虞国吗？"虞公又说："不会吧！我祭祀很虔诚，鬼神一定会保佑我的。"宫之奇实在没招了，说："鬼神只保佑有德的人，不行德政而只知道祭祀是没有用的。"虞侯不听劝谏，宫之奇说："虞国算完了！"于是率领全族人离开了虞国。

这年十二月，晋国灭掉了虢国，回兵时路过虞国，把虞国也灭了。

第七章
与人为善的智慧

　　与人为善是一种高尚的品德，是智者心灵深处的一种沟通，是仁者个人内心世界一片广阔的视野。与人为善有利于使自己生活得更快乐。与人为善其实极易做到，它并不需要你刻意做作，只要有一颗平常心就行了。

大禹治水

尧把帝位禅让给舜，舜又把帝位禅让给了禹。尧在位时，中国境内就有大水为祸，谁都没有办法。起初，尧问大臣谁可以治水，大臣都推荐禹的父亲鲧。鲧用堵的办法去治水，几年过去了，都没有成功，于是尧帝就把鲧流放了。到了舜当帝王时，大水依然没有治理好，百姓深受其苦，舜便再找治水的人，大家一致推举了禹。

大禹婚后第四天就治理洪水去了，一去就是十三年，曾三次路过家门都没进去，特别是有一次刚好儿子出生，他听着儿子的哭声也不进家门。为了治水，他走遍了中国的九州，无论是高山峻岭，还是深水险滩，都留下了他的足迹。他因为治水，腿上的汗毛都磨没了，又得了风湿病，弯腰驼背的根本迈不开步子走路。但他采取的办法对头，用疏导的法子，终于把滔天的洪水引进了大海。禹赢得了民心，而舜也放心地把帝位交给了他。

刘备的遗言

《三国演义》中说，蜀主刘备为了给关羽和张飞报仇，不顾诸葛亮联吴抗曹的策略，决意要起兵伐吴，结果被火烧连营七百里，军力大损。刘备也一气之下得了重病。他自知将不久于人世，连忙命人把诸葛亮从成都叫来，吩咐后事。

诸葛亮赶到刘备的病床前时，刘备看见了侍立在一旁的大将马谡，于是，他先让马谡退出，然后郑重地问诸葛：“丞相，你觉得马谡这个人怎么样啊？”诸葛亮正在担心刘备的病，忽听他问这个，不知用意，便匆忙说：“也算是当今世上的一个英雄了吧！”刘备轻轻地摇了摇头，说："我刚才仔细看了看这个人，觉得他有些哗众取宠，嘴上能说，却没什么真才实学，不能太倚重他。丞相可要看清楚啊！”诸葛亮只有连连称是，但心里却并不以为然。

后来，诸葛亮领军出祁山北伐中原。魏军主帅司马懿想攻下街亭以便切断蜀军。街亭这个小小的地方突然成了蜀军与魏军争夺的战略要地。这时，马谡自告奋勇要去守街亭，诸葛亮颇有些犹豫，反复向马谡说了街亭易攻难守的特点，马谡却说：“丞相放心，我从小熟读兵法，难道连一个小小的街亭也守不住吗？”诸葛亮见他有些大意，便说：“司马懿不可小瞧，况且还有张郃为先锋，你不一定能守得住啊！”马谡觉得诸葛亮小看了他，便说：“我肯定能守住，若守不住，斩我全家！”诸葛亮说：“大军之中，不能戏言！”马谡说：“我愿立下军令状！”看到马谡如此肯定，诸葛亮便和他立了军令状，又派了稳重谨慎的王平给他做副将。

然而，骄傲自大的马谡根本不听王平的意见，终于把战略要地街亭丢了。这一来军事形势立刻发生了巨大变化。诸葛亮非常后悔，流着眼泪杀了马谡，但已经不能挽回败局了。

两疏见机

汉宣帝的时候，东海兰陵有一个学问很大的人叫疏广。汉宣帝立了太子，四处为太子选老师，听说疏广学识渊博，便将他请来。疏广的侄子疏受也很有才能，他本来在太子家当一个普通的下属，汉宣帝有一次去太子家，与疏受说话，发现了他的才能，于是，让他也做太子的老师。平常太子上朝，前面是疏广，后面是疏受。叔侄二人并为太子的老师，这在当时被传为佳话。

就这样，他们二人给太子当了五年的老师，太子十二岁已经能读儒家的许多经典了。这时，疏广对疏受说："俗话说，知道满足就不会受到耻辱，知道停步就不会栽跟头，咱们现在已经当了五年的官，官位很高，俸禄也不低，如果还恋恋不舍，也许以后后悔都来不及了。不如我们现在就一起回家，安享晚年！"这席话也正合疏受的意思，于是，二人就向皇帝写了辞呈，要求告老还乡。皇帝虽然舍不得，但他二人去意已决，也就同意了。走的时候，皇帝赏赐黄金二十斤，太子赠了五十斤。朝廷的文武百官和平常交往的人都来送行，到处是送别的宴席，大家都称赞他们功德。

宰予昼寝

孔子的弟子宰予，言辞美好，说起话来娓娓动听。起初，孔子很喜欢这个弟子，以为他一定很有出息。可是不久，宰予暴露出懒惰的毛病。一天，孔子给弟子讲课，发现宰予没有来听课，就派弟子去找。一会儿，去找的弟子回来报告说，宰予在房里睡大觉。孔子听了伤感地说："腐烂的木头不能雕刻，粪土一样的墙壁不能粉刷。最初我听到他说的话好听，就相信他的行为一定与他说的一样。现在我听别人说话后，还要考察一下他的行为。就从宰予起，我改变了态度。"

任公子钓鱼

《庄子·外物篇》中记载了一则寓言：有一个人叫任公子，擅长钓鱼。一次，他用巨大的鱼钩钓鱼，用非常粗的线做钓线，而鱼饵是五十头牛。他蹲在会稽山顶上，把鱼竿投到东海，过了整整一年也没有钓到鱼。

忽然有一天，他的鱼竿动了，有大鱼吞饵了，牵动钓钩，沉入水下。过了一会儿，又突然冒出来。只见一个极大的鱼鳍露了出来。一时间，搅得波浪翻滚，海水像山一样立了起来。大鱼叫了一声，声音传了几千里远。任公子锲而不舍，终于把这条鱼抓住了。钓到这条大鱼后，任公子把它做成了鱼干，浙江以东、苍梧以北的人都饱餐一顿。

东施效颦

春秋时候，越国有个名叫西施的姑娘，她非常美丽，也很善良，对村子里的老人和孩子都很好。可惜，她有心口疼的毛病，犯病时总是用手按住胸口，紧皱眉头。因为人们喜欢她，所以，看见她这副病恹恹的样子也觉得妩媚可爱。

西施的邻村有个丑姑娘叫东施，总是想方设法打扮自己。有一次在路上碰到西施，见西施手捂胸口，紧皱眉头，显得楚楚可怜，别有一番风韵。东施想："难怪人们说她漂亮，原来是做出这种样子。如果我也做这个姿势，肯定就变漂亮了。"于是她模仿西施的病态，见人就捂着胸口，皱起眉头。结果人们看到本来就丑的她又变成这副疯疯癫癫的样子,都像见了鬼一样,赶紧把门关上。

学问来自"三上"

宋代的欧阳修是我国古代著名的文学家。他小时候,家里很穷,买不起纸笔,就用芦杆当笔、地当纸,学习写字。这样的纸张虽然不要钱,但写字很累。他蹲着写累了,就跪着写,再累了就坐着读书。他从小就养成了刻苦学习、珍惜时间的好习惯,总想挤出时间多学一点东西。

欧阳修为了使文章的语言简洁、表达准确,常常把文稿贴到卧室的墙上,反复推敲。他争分夺秒,不知疲倦,经常写作到深夜,终于写出了许多脍炙人口的诗歌和散文。当时有人问他学问从哪里来的,欧阳修回答说:"来自'三上'——'马上''枕上'和'厕上'"。可见他惜时如金,连骑在马上、睡在枕上和上厕所的时间也不轻易放过。

欧阳修直到晚年都保持着珍惜时间的良好习惯,时常废寝忘食。他不仅推进了古文运动,开创并奠定了宋代的诗风。后人把欧阳修列为"唐宋八大家"之一。

相良存钱

《西游记》里有一则故事,说唐太宗因生前杀人太多,被阎王追命,来到阴间与那些死在他手中的鬼魂对质。好在阴间的判官崔珏是唐太宗的大臣魏征的朋友，魏征事先给崔珏写了封信，托他照看唐太宗。所以，崔珏在生死簿上偷偷把唐太宗的阳寿延长了二十年，阎王一查，发现唐太宗还不该死，便放他回人间去。

但是回阳间必须路过枉死城，那里全是他害死的人，都等在那里，不让他过去。这时崔珏也没有办法，便出主意说："陛下，这些人都是冤死鬼，一直没有超生，就是因为他们没有路费。你现在若能给他们些钱当路费去投胎，他们就不会再为难你了。"唐太宗很害怕，说："我一个人到这里，身上也没有带钱，这可怎么办？"崔珏想了想，说："也有个办法。你们阳间有一个人，在这里存了十三库金银财宝，你借他一库来散给这些人就行了。等你回了阳间再还给他。"唐太宗问："这是谁呀？怎么在这里存了这么多钱？"崔珏说："他是河南开封府人，叫相良。"就这样，唐太宗才算回到了人世。

回来后当然先去还钱了，唐太宗命大臣尉迟恭带了一库金银到开封府找人。好不容易找到了相良，本以为他是个大财主呢，却原来是一个非常穷的老头，每天贩些瓦盆来卖了糊口。不过，他只要有点闲钱，就拿来做好事，很多人都受过他的接济。他之所以在阴间会有那么多钱，就是这样在阳间修来的，连他自己都不知道。

孔乙己

鲁迅先生有篇短篇小说，名叫《孔乙己》。

孔乙己是个落魄的书生，姓孔，但不知道叫什么名字，小孩认字课本上头一句话是"上大人孔乙己"，所以，大家叫他孔乙己。

咸亨酒店里来喝酒的人大致可分为两类：一类是有钱有闲的，穿着长衫，慢慢踱进来，坐到里面要酒要菜，慢慢喝；还有一类是没钱的人，他们都穿着短衣，在门口买碗酒站着就喝了。而孔乙己是唯一一个穿着长衫

站着喝酒的人。由于他科举失败，又没有谋生的本领，所以变得很穷，经常被人取笑奚落，只要他一来，酒店立刻就充满了快活的空气。那些无所事事的人常拿他的伤心事来打趣。而且，他说话又有些文人的迂腐气，每当说不过别人的时候，就满嘴的"之乎者也"，谁也听不懂他在说什么，于是，大家更愿意逗他了。

秀才不会逃

周尚文是一名落第秀才。这天傍晚，他看到人们都在收拾东西离开村子，一问才知道，金兵又打来了。一名兵士说，金兵很快就要来了，他们正是从前方撤下来的，顺便通知沿路的居民，能逃的就尽量逃。

周尚文一惊，问："你们是大宋的兵士，怎么敌兵一来，全往后跑了。"那名兵士叹息一声，说："我们也想抵抗外敌啊，可金兵还没到，那些当官的全给吓跑了。这仗没法打啊，大家只好逃了。"周尚文就问兵士现在还有多少人，那名兵士说，本来他们是有几千人的，可金兵快到时，领头的将军却因害怕连夜跑了，于是兵士们全乱了，大家各自逃生，最后只剩下一千多人了。

天色渐渐暗了下来，兵士们聚集在离村子不远的一处林子前，有的大骂那些逃跑的将军，有的则商量该去哪投奔。如果还是散兵说丧气的话，估计最后大家也活不成。就在大家议论的时候，周尚文来到了林子前，大叫道："兵爷们，这里有能管事的吗？我想求你们帮帮忙。"

大宋对读书人还是挺尊重的，所以，一般人看到秀才，都礼让几分。有人奇怪地问："你还不快跑？"周尚文却没理会众人，又问哪位军爷是领头的。见他仍在问，就有人嘻嘻哈哈地将一名大汉推了出来。那人被大家推出来，只好说："唉，大官们都跑光了，只剩我们这种小头目了。你到底有什么事？"大汉自称吴壮。周尚文笑道："我也没别的事，只是想跟你们借一把刀,尽量找一把最锋利的。"吴壮奇怪地问他借刀做什么,周尚文昂起头来大叫道:"金兵已经快打过来了,我跟你借刀,就是想到前方去杀敌。"吴壮狠狠地瞪了周尚文一眼,忽然叹了一口气,说:"我知道先生是在讽刺我们,大敌当前,却从前方逃了回来。其实我们这些兄弟也想打仗啊,可能带兵打仗的都跑了,我们就算还留在那里,也无非多一千具尸体罢了。"周尚文笑着问:"现在我问你,假如你和我比武,你认为我会赢吗?"吴壮一怔,就听周尚文笑道:"我没练过武,在这里跟你打,我肯定打不过你。如果到我家门前打,我想赢你两招还是行的。"兵士们都笑了起来,吴壮的脸上有些挂不住了,怒道:"你这是笑话我吗?好,你想在哪打就在哪打,我要输了,我陪你去,哪怕是送进金营让他们砍头。"

众人都轰然叫好,周尚文拾起一根棍子在前走着,吴壮跟在身后,兵士想看热闹,全都打着火把跟了上来。不一会儿,大家就来到村子里。此时村里静悄悄的,村民都已经逃走了。吴壮心想,就算他在家门前设计陷阱,注意些就是了。两人并排着走,却没料到刚走几步,周尚文突然将手中的棍子一挥,架到了他的脖子上,笑了一声,说:"假如我现在手中拿的是刀,你的头已经掉下来了。是不是你输了?"

这一下来得突然,吴壮哪想到这样也算是比武?不禁怒道:"还没开打呢,这怎么能算?"众人都笑了起来,没想到这秀才竟然玩这种小孩子的把戏。周尚文笑道:"你既然是跟我来比武的,怎么能不算?好吧,我再给你一次机会。"说罢手中的木棍向吴壮身上打来。吴壮伸手就想夺过木棍,谁知周尚文的木棍还没打到,已将棍子收回,往后退了几步。吴壮一看他也就这点能耐,就纵身上前,却没料到地却是虚的,刚踏上去,地就陷了,顿时身子落进坑中。周尚文趁他还没立稳,已经上前用木棍在他脖子上又轻轻打了一下,叫道:"看,你又输了一阵。"

本来吴壮开始是小心这里有没有陷阱的,可刚才被周尚文棍子一架就说是他输,让他心里有点气,注意力转移了,倒忘了注意陷阱的事。吴壮从坑里跃出来,怒道:"你这样玩小孩子的把戏,算什么比武啊。"周尚文大叫道:"你管我用什么方法,能够杀敌就是好方法。反正我是要上前迎敌,你要怕金兵,不和我去我也不勉强你。只是不知道,大宋军营里,和我一样不怕死的,还有多少人。"

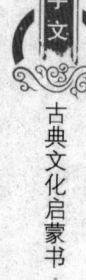

金兵元帅见所到之处大宋官兵望风而逃，不禁大喜，就派将军乌林南带两千精兵在前面急追，大部队带着物资随后。乌林南一路追赶，竟然没有遇到抵抗队伍，于是他下令队伍急行，务必打上一仗，好在元帅面前表现表现。这天刚来到一处渡口，就看到对岸竖起一排旗帜，终于遇上宋兵队伍了！

他令兵士们驻扎在岸边，准备找船只渡江。这时，就看到对面一匹马跑到江边，一名宋军兵士大叫道："我们将军下战书来了！"说罢弯弓搭箭，就朝金营射了过来。兵士将书箭拾起，交给了乌林南。他一看就乐了，只见上面写，由于大将军跑了，这里剩下的已经不到一千名兵士，大家本来想投降，可是觉得就这样未开仗就降，面子上实在过不去，所以，愿与金兵约定，让金兵派一千人到对岸，与宋兵开打，双方点到为止，如果宋兵输了，情愿全部投降。如果同意，宋兵可以派船将金兵接过河。

乌林南一看，大笑道："没想到宋军竟然想到如此儿戏的打法。好！就同意这样打。"手下的副将奇怪地说："您真的信他们？"乌林南笑道："宋兵的将军都吓跑了，剩下这些人哪还有胆量打？他们这样做分明就是怕死。我们何不将计就计，将他们打败。"

第二天一早，宋军果然派几只船过了河，于是乌林南先派几名金兵上船，开始他心里还小心防备着，怕宋兵在载金兵过江时会突袭船上的金兵。可船来回了几趟，都没发生任何意外，也就放心了。此时宋兵列队在离岸边不远的地方，整整齐齐地等着。金兵上岸后，也与宋兵迎面站着，小心地提防宋兵会突然杀过来，可一直到一千名金兵全部上岸，宋兵也没有发起进攻，看来他们真的打算玩比武了。

乌林南自己并没有过江，只是让副将到对岸。此时两边的兵士都排好队了，宋兵阵上一名大汉站了出来，高声叫道："你们准备好没有，是不是可以开战了？"金兵的副将回头看了一眼对岸，乌林南手一挥，做了一个开战的手势。副将立即叫道："可以打了！"霎时，金兵全部刀出鞘，众人一声高呼，场上的喝声惊天动地。

乌林南笑了，可还没等他笑出声来，就发觉已经不对劲，刚才那些高呼的声音顷刻间全变了，变成了鬼哭狼嚎的声音。他大吃一惊，再看江对面时，却发现列在江边的金兵队伍不见了，在金兵刚才列队的地方，出现了一个大坑。此时宋兵已经涌了过来，有的朝坑里放箭，有的截杀爬出坑的金兵。乌林南大惊，知道中了宋兵的计，却苦于隔着江，没法过去帮忙。

乌林南气得指着对岸直骂，却见宋兵们已经坐上船，向这边划来。乌林南叫兵士们迎敌，却在这时，就听后方的林中响起一阵鼓声，几杆旗帜升起，无数支箭射了出来。很快对岸的宋兵已经过了江，与林中的宋兵汇合，又是一阵追杀。乌林南带着残兵败将一路逃窜，一直看到随后的大军这才敢停下来。

那晚周尚文和吴壮比武后，将自己的计策跟大家说了，众人都觉得可以试一试。其实大家一路撤下来，都是一肚子气，此时有人领头，自然想去拼杀一番。于是众人就推举吴壮领头，让周尚文为军师，来到金兵必经的江边迎敌。他们先在江岸挖地道，将地下掏空，再用柱子支撑着，当将金兵诱到此处列队后，才拉开木桩，于是上千名金兵全陷进去了，只能任人宰割。同时又派一小部分人在江对岸作疑兵，将金兵吓退。

两天后，韩世忠带领的抗金队伍也来到了，看到周尚文一个秀才竟然能带兵击退数倍于自己的金兵，不禁感慨："秀才带兵，亦是勇将！"

方枘圆凿

枘和凿，用木工的话说就是榫头和榫眼儿。方枘，指方形榫头；圆凿，是圆形的榫眼儿。合理的搭配是，方榫头和相应的方榫眼儿咬合，而圆榫眼儿只能接插与它相配的圆榫头。方榫头插圆榫眼儿，只能是猴吃麻花——满拧，根本咬合不上。成语"方枘圆凿"就是这个意思。不过要深刻地理解这个成语，还得从屈原说起。

屈原，名平，与楚国王室同根同姓，他见闻广博，学识渊博，有极强的记忆力和意志力，很善于阐释发挥，对治国平乱方略多有切合实际的见解。他忠君爱国，体恤百姓，一心要变法强国，举贤任能，惩治贪腐，制定新的宪令，主张联合各国共同抵抗强大的秦国，深得楚国民众的爱戴。然而，屈原却不为平庸无能、耳根子又软的楚怀王所信任，再加上楚怀王宠姬南后郑袖和郑袖所生的儿子子兰，以及嫉贤妒能的靳尚等一群奸臣狼狈勾结，沆瀣一气，极力向楚怀王诬陷诋毁屈原，破坏变法，阻挠起草宪令，使楚怀王不听屈原的任何忠谏，被秦国使臣张仪所欺骗，愚蠢地跑到秦国议和，结果被囚身死，成了异域他乡的孤魂野鬼。而对国家命运最为关切的屈原，却被郑袖、子兰、靳尚一伙只顾争权夺利、不管国家危亡的卑鄙小人阴险地排挤出朝堂。他们又在新君楚顷襄王跟前恶意构陷中伤屈原，昏庸的楚顷襄王更是不辨忠奸，竟将屈原驱逐出郢都，流放到江南去了。

一晃十多年过去了，秦军早已攻占了巴蜀重地，陈兵和楚国西部边郡对峙着，直接威胁到屈原驻足的湘西溆浦。屈原誓死不当秦国的俘虏。这一天，他告别溆浦，东下洞庭湖，历尽千辛万苦，沿着资水来到下游的桃花港。他面容憔悴，身形枯槁，上得岸来只见人群纷纷拥向傍岸山半腰的一座大庙。大庙烟雾腾腾，鼓乐喧天，像是在进行重大的祭祀活动。屈原一打听，原来这是一座楚国的宗庙，楚顷襄王派了主管占卜祭祀的太卜郑詹尹来主持这一年的祭宗大典。郑詹尹，屈原熟悉，他们同朝做过官，知道郑詹尹精通《易》学、历算之法，擅长占卜、预测之术，为人也还算小心谨慎，极少搬弄是非，同大家保持一团和气。要搁平常时候，屈原也就过去了，可一听这是座宗庙，而且楚顷襄王派来郑詹尹主祭大典，不禁对宗室先王顿生崇敬之情，加之他无时无刻不在惦念郢都和国家的形势，这时正好向郑詹尹打听打听时局及其变化情形。想到此，屈原不顾自己旅途劳顿，随着人潮向山上爬去。

此地不愧叫桃花港，屈原放眼两岸，桃树成林，只可惜错过了花期，满目桃林就像一席天成的翠毯，覆盖绵延起伏的山野。宗庙装点其间，愈显得高古壮观，只是年久失修，未免给人一种破败落寞的惨淡凄凉之感。屈原走进大庙，有卫士认出了他，忙向里面通报。郑詹尹很快迎了出来，拉住屈原的手，上下不住打量，叹息道："真是左徒大人。大人老了，也瘦了。这么多年啊！没有大人的朝堂，再难听到一句真话呀！"说着便命人接过屈原的行囊，与屈原一起进了后堂。屈原沐浴更衣，用过餐后和郑詹尹彻夜倾谈。郑詹尹说了秦国大军压境，郢都危在旦夕。六国离心离德，像散沙难和到一块，只能听任秦国离间宰割。可大王被郑袖、子兰、靳尚一伙欺骗蛊惑，竟然畏秦如虎，不思抵抗，日夜龟缩在宫中纵情享乐，揽权敛财，奢望秦王会念在秦楚曾经结亲的份儿上饶过楚国。屈原越听，心就越沉。他血虽热，但寒夜如霜，阴森之气凝固了他的血脉，令他再难抑制，似地火欲冲决喷发。然而他十分清醒，自己再也不会被楚王所用，也不会被楚王身边的乱臣贼子所容，国家前途一片黑暗。想到这儿，他激动地问卜郑詹尹："郑大人，你也给我占上一卦，你说说，我是忠于君王、国家，心系黎民百姓好呢？还是蒙蔽君王，坑陷国家，横征暴敛好呢？我们是变法图强，用先进的法令治国治民好呢？还是背离道德法度，投机取巧，尔虞我诈，寡廉鲜耻好呢？我是坚持真理，直言不讳呢？还是学那卑鄙小人，像愚蠢的木工一样不量好凿眼儿，就胡乱弄个榫头往里插呢？（《离骚》：不量凿而正枘）我能用我正直端方的品德去迎合圆滑诡异的丑类，就像方正的榫头能和圆滑的榫眼儿相配吗？（《离骚》：何方圆之能周兮）为什么人世间这样浑浊，黑白不分？为什么楚国总是奸佞小人当道，忠臣良将却遭到贬抑排斥？哪些是吉？哪些是凶？我该何去何从？……"屈原的一连串问题确实难住了郑詹尹。郑詹尹沉思了好一阵儿，才说道："大人的问题不是龟甲、蓍草所能测算的。要弄清这些问题，恐怕只有万能的天帝能回答了。"

屈原郁闷地走出后庭，独自一人来到宗庙大殿，烛光幽幽，香烟弥漫，殿墙壁画和祖宗牌位像在浑浊窒息的潮雾中，显得死气沉沉，毫无生机。他走近壁画，只见壁画陈旧斑驳，人物残缺，草木凋敝，山河破碎。细细推敲，还能辨出天帝神灵，悟及先王的功业，生民的艰难。屈原看着想着，蓦地心潮一阵翻涌，凝结在心头的疑问激荡着胸膛。他要问天！他要让神明的天帝回答他激荡胸间的所有疑问。屈原疾步踏上倚天楼，拔出长剑，刺穿楼顶，在黎明前的黑暗中剑指南天，义正词严高声质问道："天帝呀！天帝你既称万物之神，万灵之君，就该主持公道，伸张正义，褒奖忠良，惩治奸恶！可是，你看看这个世界！你为什么容留如此多的肮脏、邪恶？任贪赃枉法、卖国求荣的奸徒高居权位，挥霍财富？为什么你看着一心忠君报国、热爱黎民百姓的人遭受迫害而无动于衷？为什么你的脸面如此变幻无常？难道你也没有道德标准，法度绳墨吗？"屈原高亢的声音如闪电刺透沉闷的夜空，似惊雷震开了天宫大门，令天帝胆战心寒，无颜以对。惶恐窘急中，他放出风神雨师，妄图用狂风暴雨浇灭屈原胸中熊熊燃烧的烈火。屈原毫不畏惧天帝的淫威。倚天楼都被风雨冲毁坍塌了，屈原却仍站在台基上，发问的声音愈加响亮昂扬，羸弱的身躯竟在狂风暴雨中挺立了三天三夜，一连发出了近二百个掷地有声的提问。屈原的行为感动了昆仑，一对凤凰飞来，驱走风神雨师，迫使天帝狼狈地缩回天宫，再也不敢露面了。从此，桃花港资水畔的这座山就叫"凤凰山"，凤凰山上这片台基废墟，也就成了有名的"天问台"。至于为什么不叫"问天台"，那是因为古人认为，天是神圣不可问的。所以，屈原的名篇《天问》，也就没有叫"问天"。

据说屈原沉没汨罗江后，他的学生、楚国文人宋玉，根据屈原的故事，作《九辩》怀念老师，其中有诗句："圜凿而方枘兮，我固知其鉏铻而难入。"这里"圜"同"圆"；"鉏铻"同"龃龉"，本意指牙齿长得不齐，咬合不上；喻指无比热爱楚国的屈原，其政治主张就像方正的榫头，与污秽的楚王室这一圆滑的榫眼儿，是绝不可能契合在一起的。

参考文献

[1]崔钟雷.弟子规.千字文[M].吉林:吉林美术出版社,2010.

[2]孙嘉先,舒静.千字文故事精选[M].武汉:湖北少年儿童出版社,2011.

[3]魏红霞.千字文[M].北京:北京教育出版社,2012.

[4]田文.细说活解三字经百家姓千字文(上)[M].北京:中国华侨出版社,2012.

[5]王家葵.千古绝唱·千字文[M].重庆:重庆出版社,2012.

后　　记

　　《千字文》全篇主题清晰，章句文理一脉相承，层层推进，语言优美，辞藻华丽，几乎是句句引经，字字用典。这是其他几篇也被公认为不错的训蒙读物不能比的。我们现代人如果没有一个特殊的机缘，一生中能把《千字文》从头到尾好好读一遍的机会不是很多。现在无论在海外还是中国大陆，能读《千字文》的不是研究生也是学中文的本科生，但在民国建立之前，这是六岁孩子入蒙学就必读的。现代人如果没有文史功底，确实读不懂。且不说弄清引经据典与用韵，只翻字典查生字一项，就足以让人望而生畏，兴趣全无了。

　　《千字文》是用一千个字编成的韵文。古文在理解上没有标准答案，所谓"书不尽言、言不尽意"，完全看读者的领悟力和想象能力。如果给出一个标准答案，学生的想象力就被扼杀了。人没有想象力，就不可能有创造性思维，就没有发明创造，这是一连串的因果关系。传统教育的好处就在于处处给你留门，而不是老师越俎代庖，处处关门闭户。

　　在中国古代的儿童启蒙读物中，《千字文》是一篇承上启下的作品。它那优美的文笔，华丽的辞藻，是其他童蒙读物无法望其项背的。而且此书内容涉及广泛，具有较高的可阅读性及趣味性，是一本不可多得的优秀教材。对现代读者而言，学习《千字文》，有助于我们科学地继承和发扬中国优秀的传统文化，汲取国学精粹，培养人文素养。本书对《千字文》进行了深入浅出的解读和分析，希望能对广大读者有所启示和帮助。